LIBRARY
OF
MR & MRS F. LOUIS-JEAN

LE CID, HORACE, POLYEUCTE

© 1993, Bookking International, Paris
ISBN : 2-87714-152-7

PIERRE CORNEILLE

Le Cid
Horace
Polyeucte
Tragédies

PIERRE CORNEILLE
(1606-1684)

C'est à Rouen que naît Pierre Corneille, le 6 juin 1606. Le père est maître des eaux, la mère fille d'un avocat. Ils auront six enfants. Leur fille cadette deviendra la mère de l'écrivain Fontenelle.

Pierre Corneille est déluré, et a l'esprit vif. C'est le meilleur élève du collège de Jésuites de Rouen. Licencié en droit à dix-huit ans, il s'initie à la procédure et, pour les beaux yeux d'une Catherine Hue, taquine la muse. Nommé en 1628 avocat du Roi aux eaux et forêts, il le restera vingt-deux ans, à raison de trois audiences par semaine. *Mélite*, l'une de ses comédies, dédiée à Catherine, est jouée à Paris. Encouragé par ce succès, il écrit *Clitandre*, *La Veuve*, *La place Royale*, *La Galerie du Palais*.

A 29 ans, il est le premier des auteurs comiques français. Le succès ne lui a pas apporté l'amour. La mère de Catherine a préféré que sa fille épouse un conseiller-maître à la Cour des comptes plutôt qu'un avocat rimailleur. Lequel change de registre. Avec *Médée* (1635), *L'Illusion comique* (1636) et surtout *Le Cid* (1637). C'est un triomphe. Louis XIII fait jouer trois fois la pièce, et anoblit le père de l'auteur, afin que son dramaturge préféré n'ait pas la noblesse trop fraîche. Richelieu, lui aussi, offre une pension. Tout Paris s'extasie, ce qui agace les jaloux. Ils accusent Corneille de plagiat, parce qu'il s'est inspiré d'un texte de l'Espagnol Guillen de Castro. Richelieu doit intervenir pour mettre fin à la polémique. On a reproché à Corneille son manque de rigueur et de dépouillement. Il relève le défi avec *Horace* (1640), puis *Cinna* (1642).

Les envieux se sont tus. Pierre Corneille est considéré comme le plus grand écrivain français vivant. Pourtant il est triste. Richelieu, le croisant, lui en demande la cause. Corneille est amoureux. De la fille d'un lieutenant-général. Richelieu convoque le militaire, insiste, menace... Corneille épouse Marie de Lampérière, en 1641. Elle est de onze ans sa cadette, et mènera à ses côtés une existence fort discrète. Ils auront sept enfants. Les fils embrasseront la carrière militaire.

Corneille partage son temps entre Paris et Rouen, où il a pour amis les Pascal, dont le fils, Blaise, est un génie... Thomas

Corneille, le frère cadet (né en 1625), écrit lui aussi des pièces. Entre les deux frères, aucune jalousie, mais au contraire la volonté de « rentabiliser » leur nom. L'auteur de *Polyeucte* (1643) met aussi en vers les grands textes chrétiens. Il mène une vie bourgeoise, en veillant à ne point déplaire aux Grands. Pendant la Fronde, il reste attentif à ce que ses vers ne puissent être exploités, ou mal interprétés, par l'un ou l'autre parti. En 1647, il est reçu à l'Académie française et, en 1650 vend sa charge d'avocat.

La troupe de Molière passe par Rouen en 1658. Corneille invite à sa table le directeur de la troupe, et une comédienne, surnommée Marquise Du Parc. En était-il vraiment épris ? Il retrouvera Marquise cinq ans plus tard, à Paris où il s'est installé, pensionné par Louis XIV. Un jeune auteur la courtise : Jean Racine. Racine, son cadet de vingt ans, — et rival — qui le traite de « vieux poète malintentionné ». En 1670, tous deux écrivent chacun une pièce sur le même sujet : *Tite et Bérénice* pour Corneille, *Bérénice* pour Racine.

Le second l'emporte auprès du public. Bon joueur, Corneille donnera quand même sa voix à Racine, lorsqu'il se présentera à l'Académie française.

En 1665, il a perdu l'un de ses fils. Un autre meurt en 1674, année de *Suréna*, sa dernière tragédie. C'est devenu un homme las, désabusé, même si le roi, en hommage, fait représenter à Versailles cinq de ses pièces. 1680 : il tombe malade. Sa fille Madeleine, dominicaine, renonce au couvent pour le soigner. La reprise d'*Andromède* (1682) est son dernier triomphe public. Il ne sort que rarement de sa maison de la rue d'Argentières. Il meurt le 1er octobre 1684, à Paris, veillé par sa fille.

Seuls, après lui, Voltaire et Victor Hugo obtiendront de leurs contemporains autant d'estime et de reconnaissance.

LE CID

Tragi-Comédie

A MADAME DE COMBALET

Madame,

Ce portrait vivant que je vous offre représente un héros assez reconnaissable aux lauriers dont il est couvert. Sa vie a été une suite continuelle de victoires; son corps, porté dans son armée, a gagné des batailles après sa mort; et son nom, au bout de six cents ans, vient encore triompher en France. Il y a trouvé une réception trop favorable pour se repentir d'être sorti de son pays, et d'avoir appris à parler une autre langue que la sienne. Ce succès a passé mes plus ambitieuses espérances, et m'a surpris d'abord; mais il a cessé de m'étonner depuis que j'ai vu la satisfaction que vous avez témoignée quand il a paru devant vous. Alors j'ai osé me promettre de lui tout ce qui en est arrivé, et j'ai cru qu'après les éloges dont vous l'avez honoré, cet applaudissement universel ne lui pouvait manquer. Et véritablement, Madame, on ne peut douter avec raison de ce que vaut une chose qui a le bonheur de vous plaire; le jugement que vous en faites est la marque assurée de son prix; et comme vous donnez toujours libéralement aux véritables beautés l'estime qu'elles méritent, les fausses n'ont jamais le pouvoir de vous éblouir. Mais votre générosité ne s'arrête pas à des louanges stériles pour les ouvrages qui vous agréent; elle prend plaisir à s'étendre utilement sur ceux qui les produisent, et ne dédaigne point d'employer en leur faveur ce grand crédit que votre qualité et vos vertus vous ont acquis. J'en ai ressenti des effets qui me sont trop avantageux pour m'en taire, et je ne vous dois pas moins de remerciements pour moi que pour *Le Cid*. C'est une reconnaissance qui m'est glorieuse, puisqu'il m'est impossible de publier que je vous ai de grandes obligations, sans publier en même temps que vous m'avez assez estimé pour vouloir que je vous en eusse. Aussi, Madame, si je souhaite quelque durée pour cet heureux effort de ma plume, ce n'est point pour apprendre mon nom à la postérité, mais seulement pour laisser des marques éternelles de ce que je vous

dois, et faire lire à ceux qui naîtront dans les autres siècles la protestation que je fais d'être toute ma vie,
Madame,

> Votre très humble, très obéissant
> et très obligé serviteur,
> CORNEILLE

AVERTISSEMENT

MARIANA, *Historia de Espana*, 1. IV, chap. v.

« Avia pocos dias antes hecho campo con D. Gomez, conde
« de Gormas. Venciόle, y diόle la muerte. La que resultό deste
« caso, fué que casό con doña Ximena, hija y heredera del
« mismo conde. Ella misma requirio al rey que se le diesse por
« marido (ca estaua muy prendada de sus partes) o le casti-
« gasse conforme a las leyes, por la muerte que dio a su padre.
« Hizόse el casamiento, que a todos estaua á cuento, con el
« qual por el gran dote de su esposa, que se allegό al estado que
« el tenia de su padre, se aumentό en poder y riquezas[3]. »

Voilà ce qu'a prêté l'histoire à D. Guillen de Castro, qui a mis ce fameux événement sur le théâtre avant moi. Ceux qui entendent l'espagnol y remarqueront deux circonstances : l'une, que Chimène ne pouvant s'empêcher de reconnaître et d'aimer les belles qualités qu'elle voyait en D. Rodrigue, quoiqu'il eût tué son père (*estaua prendada de sus partes*), alla proposer elle-même au roi cette généreuse alternative, ou qu'il le lui donnât pour mari, ou qu'il le fît punir suivant les lois; l'autre, que ce mariage se fît au gré de tout le monde (*a todos estaua a cuento*). Deux chroniques du *Cid* ajoutent qu'il fut célébré par l'archevêque de Séville, en présence du roi et de toute sa cour; mais je me suis contenté du texte de l'historien, parce que toutes les deux ont quelque chose qui sent le roman, et peuvent ne persuader pas davantage que celles que nos Français ont faites de Charlemagne et de Roland. Ce que j'ai rapporté de Mariana suffit pour faire voir l'état qu'on fit de Chimène et de son mariage dans son siècle même, où elle vécut en un tel éclat, que les rois d'Aragon et de Navarre tinrent à honneur d'être ses gendres, en épousant ses deux filles. Quelques-uns ne l'ont pas si bien traitée dans le nôtre, et sans parler de ce qu'on a dit de la Chimène du théâtre, celui qui a composé l'histoire d'Espagne en français l'a notée, dans son livre, de s'être tôt et aisément consolée de la mort de son père, et a voulu taxer de légèreté une action qui fut imputée à grandeur de courage par ceux qui en furent les témoins. Deux romances espagnoles, que je vous donnerai en suite de cet *Avertissement*, parlent encore plus en sa faveur. Ces sortes de petits poèmes sont comme des originaux décousus de leurs anciennes histoires ; et je serais ingrat envers la mémoire de cette héroïne, si, après l'avoir fait connaître en France, et m'y être fait connaître par elle, je ne tâchais de la tirer de la honte qu'on lui a voulu faire, parce qu'elle a passé par mes mains. Je vous donne donc ces pièces justificatives de la réputation où elle a vécu, sans dessein de justifier la façon dont je l'ai fait parler français. Le temps l'a fait pour moi, et les traductions qu'on en a faites en toutes les langues qui servent aujourd'hui à la scène, et chez tous les peuples où l'on voit des théâtres, je veux dire en italien, flamand et anglais, sont d'assez glorieuses apologies contre tout ce qu'on en a dit. Je n'y ajouterai pour toute chose qu'environ une douzaine de vers espagnols qui semblent faits exprès pour la défendre. Ils sont du même auteur qui l'a traitée avant moi, D. Guillen de Castro, qui, dans une autre comédie qu'il intitule *Engañarse engañando*, fait dire à une princesse de Béarn :

> *A mirar*
> *Bien el mundo, que el tener*
> *Apetitos que vencer,*
> *Y ocasiones que dexar.*
> *Examinan el valor*
> *En la muger, yo dixera*
> *Lo que siento, porque fuera*
> *Luzimiento de mi honor.*
> *Pero malicias fundadas*
> *En honras mal entendidas*
> *De tentaciones vencidas*
> *Hazen culpas declaradas :*
> *Yassi, la que el desseat*
> *Con el resistir appunta,*
> *Vence dos vezes, si junta*
> *Con el resistir el callar.*

C'est, si je ne me trompe, comme agit Chimène dans mon ouvrage en présence du roi et de l'infante. Je dis en présence du roi et de l'infante, parce que quand elle est seule, ou avec sa confidente, ou avec son amant, c'est une autre chose. Ses mœurs sont inégalement égales, pour parler en termes de notre Aristote, et changent suivant les circonstances des lieux, des personnes, des temps et des occasions, en conservant toujours le même principe.

Au reste, je me sens obligé de désabuser le public de deux erreurs qui s'y sont glissées touchant cette tragédie, et qui semblent avoir été autorisées par mon silence. La première est que j'aie convenu de juges touchant son mérite, et m'en sois rapporté au sentiment de ceux qu'on a priés d'en juger. Je m'en tairais encore, si ce faux bruit n'avait été jusque chez

M. de Balzac dans sa province, ou, pour me servir de ses paroles mêmes, dans son désert, et si je n'en avais vu depuis peu les marques dans cette admirable lettre qu'il a écrite sur ce sujet, et qui ne fait pas la moindre richesse des deux derniers trésors qu'il nous a donnés. Or, comme tout ce qui part de sa plume regarde toute la postérité, maintenant que mon nom est assuré de passer jusqu'à elle dans cette lettre incomparable, il me serait honteux qu'il y passât avec cette tache, et qu'on pût à jamais me reprocher d'avoir compromis de ma réputation. C'est une chose qui jusqu'à présent est sans exemple ; et de tous ceux qui ont été attaqués comme moi, aucun que je sache n'a eu assez de faiblesse pour convenir d'arbitres avec ses censeurs ; et s'ils ont laissé tout le monde dans la liberté publique d'en juger, ainsi que j'ai fait, ç'a été sans s'obliger, non plus que moi, à en croire personne. Outre que, dans la conjoncture où étaient alors les affaires du *Cid*, il ne fallait pas être grand devin pour prévoir ce que nous en avons vu arriver. A moins que d'être tout à fait stupide, on ne pouvait pas ignorer que, comme les questions de cette nature ne concernent ni la religion, ni l'État, on en peut décider par les règles de la prudence humaine, aussi bien que par celles du théâtre, et tourner sans scrupule le sens du bon Aristote du côté de la politique. Ce n'est pas que je sache si ceux qui ont jugé du *Cid* en ont jugé suivant leur sentiment ou non, ni même que je veuille dire qu'ils en aient bien ou mal jugé, mais seulement que ce n'a jamais été de mon consentement qu'ils en ont jugé, et que peut-être je l'aurais justifié sans beaucoup de peine, si la même raison qui les a fait parler ne m'avait obligé à me taire. Aristote ne s'est pas expliqué si clairement dans sa *Poétique*, que nous n'en puissions faire ainsi que les philosophes, qui le tirent chacun à leur parti dans leurs opinions contraires ; et comme c'est un pays inconnu pour beaucoup de monde, les plus zélés partisans du *Cid* en ont cru ses censeurs sur leur parole, et se sont imaginé avoir pleinement satisfaits à toutes leurs objections, quand ils ont soutenu qu'il importait peu qu'il fût selon les règles d'Aristote et qu'Aristote en avait fait pour son siècle et pour des Grecs, et non pas pour le nôtre et pour des Français.

Cette seconde erreur, que mon silence a affermie, n'est pas moins injurieuse à Aristote qu'à moi. Ce grand homme a traité la poétique avec tant d'adresse et de jugement, que les préceptes qu'il nous en a laissés sont de tous les temps et de tous les peuples ; et bien loin de s'amuser au détail des bienséances et des agréments, qui peuvent être divers, selon que ces deux circonstances sont diverses, il a été droit aux mouvements de l'âme dont la nature ne change point. Il a montré quelles passions la tragédie doit exciter dans celles de ses auditeurs ; il a cherché quelles conditions sont nécessaires, et aux personnes qu'on introduit, et aux événements qu'on représente, pour les y faire naître ; il en a laissé des moyens qui auraient produit leur effet partout dès la création du monde, et qui seront capables de le produire encore partout, tant qu'il y aura des théâtres et des acteurs ; et pour le reste, que les lieux et les temps peuvent changer, il l'a négligé et n'a pas même prescrit le nombre des actes, qui n'a été réglé que par Horace beaucoup après lui.

Et certes, je serais le premier qui condamnerais *Le Cid*, s'il péchait contre ces grandes et souveraines maximes que nous tenons de ce philosophe ; mais bien loin d'en demeurer d'accord, j'ose dire que cet heureux poème n'a si extraordinairement réussi que parce qu'on y voit les deux maîtresses conditions (permettez-moi cette épithète) que demande ce grand maître aux excellentes tragédies, et qui se trouvent si rarement assemblées dans un même ouvrage, qu'un des plus doctes commentateurs de ce divin traité qu'il en a fait, soutient que toute l'antiquité ne les a vues se rencontrer que dans le seul *Œdipe*. La première est que celui qui souffre et est persécuté ne soit ni tout méchant, ni tout vertueux, mais un homme plus vertueux que méchant, qui, par quelque trait de faiblesse humaine qui ne soit pas un crime, tombe dans un malheur qu'il ne mérite pas ; l'autre, que la persécution et le péril ne viennent point d'un ennemi, ni d'un indifférent, mais d'une personne qui doive aimer celui qui souffre et en être aimée. Et voilà, pour en parler sainement, la véritable et seule cause de tout le succès du *Cid*, en qui l'on ne peut méconnaître ces deux conditions, sans s'aveugler soi-même, pour lui faire injustice. J'achève donc en m'acquittant de ma parole ; et après vous avoir dit en passant ces deux mots pour le Cid du théâtre, je vous donne, en faveur de la Chimène de l'histoire, les deux romances que je vous ai promises.

J'oubliais à vous dire que quantité de mes amis ayant jugé à propos que je rendisse compte au public de ce que j'avais emprunté de l'auteur espagnol dans cet ouvrage, et m'ayant témoigné le souhaiter, j'ai bien voulu leur donner cette satisfaction. Vous trouverez donc tout ce que j'en ai traduit imprimé d'une autre lettre, avec un chiffre au commencement, qui servira de marque de renvoi pour trouver les vers espagnols au bas de la même page. Je garderai ce même ordre dans *La Mort de Pompée*, pour les vers de Lucain, ce qui n'empêchera pas que je ne continue aussi ce même changement de lettre toutes les fois que mes acteurs rapportent quelque chose qui s'est dit ailleurs que sur le théâtre, où vous n'imputerez rien qu'à moi si vous n'y voyez ce chiffre pour marque, et le texte d'un autre auteur au-dessous.

ROMANCE PRIMERO

Delante el rey de León
Doña Ximena una tarde
Se pone á pedir justicia
Por la muerte de su padre.

Para contra el Cid la pide,
Don Rodrigo de Bivare,
Que huerfana la dexó,
Niña, y de muy poca edade.

Si tengo razon, ó non,
Bien, rey, lo alcanzas y sabes,
Que los negocios de honra
No pueden dissimularse.

Cada día que amanece
Veo al lobo de mi sangre
Caballero en un caballo
Por darme mayor pesare.

Mandale, buen rey, pues puedes
Que no me ronde mi calle,
Que no se venga en mugeres
El hombre que mucho vale.

Si mi padre afrentó al suyo,
Bien ha vengado á su padre,
Que si honras pagaron muertes,
Para su disculpa bastan.

Encommendada me tienes,
No consientas que me agravien,
Que el que á mi se fiziere,
A tu corona se faze.

Calledes, doña Ximena,
Que me dades pena grande,
Que yo dare buen remedio,
Para todos vuestros males.

Al Cid no le he de ofender,
Que es hombre que mucho vale,
Y me defiende mis reynos,
Y quiero que me los guarde.

*Pero yo faré un partido
Con el, que no os este male,
De tomalle la palabra
Para que con vos se case.*

*Contenta quedó Ximena,
Con la merced que le faze,
Que quien huerfana la fizó
Aquesse mesmo la ampare.*

ROMANCE SEGUNDO

*A Ximena y á Rodrigo
Prendió el rey palabra, y mano,
De juntarlos para en uno
En presencia de Layn Calvo.*

*Las enemistades viejas
Con amor se conformaron,
Que donde preside el amor
Se olvidan muchos agravios.*

....

*Llegaron juntos los novios,
Y al dar la mano, y abraco,
El Cid mirando á la novia,
Le dixó toto turbado.*

*Maté á tu padre, Ximena,
Pero no á desaguisado,
Matéle de hombre à hombre,
Para vengar cierto agravio.*

*Maté hombre, y hombre doy,
Aqui estoy á tu mandado.
Y en lugar del muerto padre
Cobraste un marido honrado.*

*A todos pareció bien,
Su discrecion ala baron,
Y assi se hizieron las bodas
De Rodrigo el Castellano.*

EXAMEN (1660)

Ce poème a tant d'avantages du côté du sujet et des pensées brillantes dont il est semé, que la plupart de ses auditeurs n'ont pas voulu voir les défauts de sa conduite, et ont laissé enlever leurs suffrages au plaisir que leur a donné sa représentation. Bien que ce soit celui de tous mes ouvrages réguliers où je me suis permis le plus de licence, il passe encore pour le plus beau auprès de ceux qui ne s'attachent pas à la dernière sévérité des règles, et depuis vingt-trois ans qu'il tient sa place sur nos théâtres, l'histoire ni l'effort de l'imagination n'y ont rien fait voir qui en ait effacé l'éclat. Aussi a-t-il les deux grandes conditions que demande Aristote aux tragédies parfaites, et dont l'assemblage se rencontre si rarement chez les anciens ni chez les modernes ; il les assemble même plus fortement et plus noblement que les espèces que pose ce philosophe. Une maîtresse que son devoir force à poursuivre la mort de son amant, qu'elle tremble d'obtenir, a les passions plus vives et plus allumées que tout ce qui peut se passer entre un mari et sa femme, une mère et son fils, un frère et sa sœur, et la haute vertu dans un naturel sensible à ses passions, qu'elle dompte sans les affaiblir, et à qui elle laisse toute leur force pour en triompher plus glorieusement, a quelque chose de plus touchant, de plus élevé et de plus aimable que cette médiocre bonté, capable d'une faiblesse et même d'un crime, où nos anciens étaient contraints d'arrêter le caractère le plus parfait des rois et des princes dont ils faisaient leurs héros, afin que ces taches et ces forfaits, défigurant ce qu'ils leur laissaient de vertu, s'accommodassent au goût et aux souhaits de leurs spectateurs, et fortifiassent l'horreur qu'ils avaient conçue de leur domination et de la monarchie.

Rodrigue suit ici son devoir sans rien relâcher de sa passion : Chimène fait la même chose à son tour, sans laisser ébranler son dessein par la douleur où elle se voit abîmée par là ; et si la présence de son amant lui fait faire quelque faux pas, c'est une glissade dont elle se relève à l'heure même ; et non seulement elle connaît si bien sa faute qu'elle nous en avertit, mais elle fait un prompt désaveu de tout ce qu'une vue si chère lui a pu arracher. Il n'est point besoin qu'on lui reproche qu'il lui est honteux de souffrir l'entretien de son amant après qu'il a tué son père ; elle avoue que c'est la seule prise que la médisance aura sur elle. Si elle s'emporte jusqu'à lui dire qu'elle veut bien qu'on sache qu'elle l'adore et le poursuit, ce n'est point une résolution si ferme, qu'elle l'empêche de cacher son amour de tout son possible lorsqu'elle est en la présence du roi. S'il lui échappe de l'encourager au combat contre don Sanche par ces paroles :

Sors vainqueur d'un combat dont Chimène est le prix,

elle ne se contente pas de s'enfuir de honte au même moment ; mais sitôt qu'elle est avec Elvire, à qui elle ne déguise rien de ce qui se passe dans son âme, et que la vue de ce cher objet ne lui fait plus de violence, elle forme un souhait plus raisonnable, qui satisfait sa vertu et son amour tout ensemble, et demande au ciel que le combat se termine :

Sans faire aucun des deux ni vaincu ni vainqueur.

Si elle ne dissimule point qu'elle penche du côté de Rodrigue, de peur d'être à don Sanche, pour qui elle a de l'aversion, cela ne détruit point la protestation qu'elle a faite un peu auparavant que, malgré la loi de ce combat, et les promesses que le roi a faites à Rodrigue, elle lui fera mille autres ennemis, s'il en sort victorieux. Ce grand éclat même qu'elle laisse faire à son amour après qu'elle le croit mort, est suivi d'une opposition vigoureuse à l'exécution de cette loi qui la donne à son amant, et elle ne se tait qu'après que le roi l'a différée, et lui a laissé lieu d'espérer qu'avec le temps il y pourra survenir quelque obstacle. Je sais bien que le silence passe d'ordinaire pour une marque de consentement; mais quand les rois parlent, c'en est une de contradiction : on ne manque jamais à leur applaudir quand on entre dans leurs sentiments; et le seul moyen de leur contredire avec le respect qui leur est dû, c'est de se taire, quand leurs ordres ne sont pas si pressants qu'on ne puisse remettre à s'excuser de leur obéir lorsque le temps en sera venu, et conserver cependant une espérance légitime d'un empêchement qu'on ne peut encore déterminément prévoir.

Il est vrai que, dans ce sujet, il faut se contenter de tirer Rodrigue de péril, sans le pousser jusqu'à son mariage avec Chimène. Il est historique et a plu en son temps; mais bien sûrement il déplairait au nôtre; et j'ai peine à voir que Chimène y consente chez l'auteur espagnol, bien qu'il donne plus de trois ans de durée à la comédie qu'il en a faite. Pour ne pas contredire l'histoire, j'ai cru ne me pouvoir dispenser d'en jeter quelque idée, mais avec incertitude de l'effet, et ce n'était que par là que je pouvais accorder la bienséance du théâtre avec la vérité de l'événement.

Les deux visites que Rodrigue fait à sa maîtresse ont quelque chose qui choque cette bienséance de la part de celle qui les souffre; la rigueur du devoir voulait qu'elle refusât de lui parler, et s'enfermât dans son cabinet au lieu de l'écouter; mais permettez-moi de dire avec un des premiers esprits de notre siècle, « que leur conversation est remplie de si beaux « sentiments, que plusieurs n'ont pas connu ce défaut, et que « ceux qui l'ont connu l'ont toléré ». J'irai plus outre, et dirai que tous presque ont souhaité que ces entretiens se fissent; et j'ai remarqué aux premières représentations qu'alors que ce malheureux amant se présentait devant elle, il s'élevait un certain frémissement dans l'assemblée, qui marquait une curiosité merveilleuse, et un redoublement d'attention pour ce qu'ils avaient à se dire dans un état si pitoyable. Aristote dit « qu'il y a des absurdités qu'il faut laisser dans un poème, « quand on peut espérer qu'elles seront bien reçues ; et il est du « devoir du poète, en ce cas, de les couvrir de tant de brillants, « qu'elles puissent éblouir ». Je laisse au jugement de mes auditeurs si je me suis assez bien acquitté de ce devoir pour justifier par là ces deux scènes. Les pensées de la première des deux sont quelquefois trop spirituelles pour partir de personnes fort affligées ; mais, outre que je n'ai fait que la paraphraser de l'espagnol, si nous ne nous permettions quelque chose de plus ingénieux que le cours ordinaire de la passion, nos poèmes ramperaient souvent, et les grandes douleurs ne mettraient dans la bouche de nos acteurs que des exclamations et des hélas. Pour ne déguiser rien, cette offre que fait Rodrigue de son épée à Chimène, et cette protestation de se laisser tuer par don Sanche, ne me plairaient pas maintenant. Ces beautés étaient de mise en ce temps-là, et ne le seraient plus en celui-ci. La première est dans l'original espagnol, et l'autre est tirée sur ce modèle. Toutes les deux ont fait leur effet en ma faveur ; mais je ferais scrupule d'en étaler de pareilles à l'avenir sur notre théâtre.

J'ai dit ailleurs ma pensée touchant l'infante et le roi ; il reste néanmoins quelque chose à examiner sur la manière dont ce dernier agit, qui ne paraît pas assez vigoureuse, en ce qu'il ne fait pas arrêter le comte après le soufflet donné, et n'envoie pas des gardes à don Diègue et à son fils. Sur quoi on peut considérer que don Fernand étant le premier roi de Castille, et ceux qui en avaient été maîtres auparavant lui n'ayant eu titre que de comtes, il n'était peut-être pas assez absolu sur les grands seigneurs de son royaume pour le pouvoir faire. Chez don Guillen de Castro, qui a traité ce sujet avant moi, et qui devait mieux connaître que moi quelle était l'autorité de ce premier monarque de son pays, le soufflet se donne en sa présence et en celle de deux ministres d'État, qui lui conseillent, après que le comte s'est retiré fièrement et avec bravade, et que don Diègue a fait la même chose en soupirant, de ne le pousser point à bout, parce qu'il a quantité d'amis dans les Asturies, qui se pourraient révolter, et prendre parti avec les Maures dont son État est environné. Ainsi il se résout d'accommoder l'affaire sans bruit, et recommande le secret à ces deux ministres, qui ont été seuls témoins de l'action. C'est sur cet exemple que je me suis cru bien fondé à le faire agir plus mollement qu'on ne ferait en ce temps-ci, où l'autorité royale est plus absolue. Je ne pense pas non plus qu'il fasse une faute bien grande de ne jeter point l'alarme de nuit dans sa ville, sur l'avis incertain qu'il a du dessein des Maures, puisqu'on faisait bonne garde sur les murs et sur le port ; mais il est inexcusable de n'y donner aucun ordre après leur arrivée, et de laisser tout faire à Rodrigue. La loi du combat qu'il propose à Chimène avant que de le permettre à don Sanche contre Rodrigue, n'est pas si injuste que quelques-uns ont voulu le dire, parce qu'elle est plutôt une menace pour la faire dédire de la demande de ce combat, qu'un arrêt qu'il lui veuille faire exécuter. Cela paraît en ce qu'après la victoire de Rodrigue il n'en exige pas précisément l'effet de sa parole, et la laisse en état d'espérer que cette condition n'aura point de lieu.

Je ne puis dénier que la règle des vingt et quatre heures presse trop les incidents de cette pièce. La mort du comte et l'arrivée des Maures s'y pouvaient entre-suivre d'aussi près qu'elles font, parce que cette arrivée est une surprise qui n'a point de communication, ni de mesures à prendre avec le reste ; mais il n'en va pas ainsi du combat de don Sanche, dont le roi était le maître, et pouvait lui choisir un autre temps que deux heures après la fuite des Maures. Leur défaite avait assez fatigué Rodrigue toute la nuit pour mériter deux ou trois jours de repos, et même il y avait quelque apparence qu'il n'en était pas échappé sans blessures, quoique je n'en aie rien dit, parce qu'elles n'auraient fait que nuire à la conclusion de l'action.

Cette même règle presse aussi trop Chimène de demander justice au roi la seconde fois. Elle l'avait fait le soir d'auparavant, et n'avait aucun sujet d'y retourner le lendemain matin pour en importuner le roi, dont elle n'avait encore aucun lieu de se plaindre, puisqu'elle ne pouvait encore dire qu'il lui eût manqué de promesse. Le roman lui aurait donné sept ou huit jours de patience avant que de l'en presser de nouveau ; mais les vingt et quatre heures ne l'ont pas permis : c'est l'incommodité de la règle. Passons à celle de l'unité de lieu, qui ne m'a pas donné moins de gêne en cette pièce.

Je l'ai placé dans Séville, bien que don Fernand n'en ait jamais été le maître, et j'ai été obligé à cette falsification, pour former quelque vraisemblance à la descente des Maures, dont l'armée ne pouvait venir si vite par terre que par eau. Je ne voudrais pas assurer toutefois que le flux de la mer monte effectivement jusque-là ; mais comme dans notre Seine il fait encore plus de chemin qu'il ne lui en faut faire sur le Guadalquivir pour battre les murailles de cette ville, cela peut suffire à fonder quelque probabilité parmi nous, pour ceux qui n'ont point été sur le lieu même.

Cette arrivée des Maures ne laisse pas d'avoir ce défaut, que j'ai marqué ailleurs, qu'ils se présentent d'eux-mêmes, sans être appelés dans la pièce directement ni indirectement par aucun acteur du premier acte. Ils ont plus de justesse dans l'irrégularité de l'auteur espagnol. Rodrigue, n'osant plus se montrer à la cour, les va combattre sur la frontière, et ainsi le premier acteur les va chercher, et leur donne place dans le poème ; au contraire de ce qui arrive ici, où ils semblent se venir faire de fête exprès pour en être battus, et lui donner moyen de rendre à son roi un service d'importance qui lui fasse obtenir sa grâce. C'est une seconde incommodité de la règle dans cette tragédie.

Tout s'y passe donc dans Séville, et garde ainsi quelque espèce d'unité de lieu en général ; mais le lieu particulier change de scène en scène, et tantôt c'est le palais du roi, tantôt l'appartement de l'infante, tantôt la maison de Chimène, et tantôt une rue ou place publique. On le détermine aisément pour les scènes détachées ; mais pour celles qui ont leur liaison ensemble, comme les quatre dernières du premier acte, il est malaisé d'en choisir un qui convienne à toutes. Le comte et don Diègue se querellent au sortir du palais ; cela se peut passer dans une rue ; mais, après le soufflet reçu, don Diègue ne peut pas demeurer en cette rue à faire ses plaintes, attendant que son fils survienne, qu'il ne soit tout aussitôt environné de peuple, et ne reçoive l'offre de quelques amis. Ainsi il serait plus à propos qu'il se plaignît dans sa maison, où le met l'Espagnol, pour laisser aller ses sentiments en liberté ; mais, en ce cas, il faudrait délier les scènes comme il a fait. En l'état où elles sont ici, on peut dire qu'il faut quelquefois aider au théâtre, et suppléer favorablement ce qui ne s'y peut représenter. Deux personnes s'y arrêtent pour parler, et quelquefois il faut présumer qu'ils marchent, ce qu'on ne peut exposer sensiblement à la vue, parce qu'ils échapperaient aux yeux avant que d'avoir pu dire ce qu'il est nécessaire qu'ils fassent savoir à l'auditeur. Ainsi, par une fiction de théâtre, on peut s'imaginer que don Diègue et le comte, sortant du palais du roi, avancent toujours en se querellant, et sont arrivés devant la maison de ce premier lorsqu'il reçoit le soufflet qui l'oblige à y entrer pour y chercher du secours. Si cette fiction poétique ne vous satisfait point, laissons-le dans la place publique, et disons que le concours du peuple autour de lui après cette offense, et les offres de service que lui font les premiers amis qui s'y rencontrent, sont des circonstances que le roman ne doit pas oublier ; mais que ces menues actions ne servant de rien à la principale, il n'est pas besoin que le poète s'en embarrasse sur la scène. Horace l'en dispense par ces vers :

Hoc amet, hoc spernat promissi carminis auctor;
Pleraque negligat.

Et ailleurs,

Semper ad eventum festinet.

C'est ce qui m'a fait négliger, au troisième acte, de donner à don Diègue, pour aide à chercher son fils, aucun des cinq cents amis qu'il avait chez lui. Il y a grande apparence que quelques-uns d'eux l'y accompagnaient, et même que quelques autres le cherchaient pour lui d'un autre côté; mais ces accompagnements inutiles de personnes qui n'ont rien à dire, puisque celui qu'ils accompagnent a seul tout l'intérêt à l'action, ces sortes d'accompagnements, dis-je, ont toujours mauvaise grâce au théâtre, et d'autant plus que les comédiens n'emploient à ces personnages muets que leurs moucheurs de chandelles et leurs valets, qui ne savent quelle posture tenir.

Les funérailles du Comte étaient encore une chose fort embarrassante, soit qu'elles se soient faites avant la fin de la pièce, soit que le corps ait demeuré en présence dans son hôtel, attendant qu'on y donnât ordre. Le moindre mot que j'en eusse laissé dire, pour en prendre soin, eût rompu toute la chaleur de l'attention, et rempli l'auditeur d'une fâcheuse idée. J'ai cru plus à propos de les dérober à son imagination par mon silence, aussi bien que le lieu précis de ces quatre scènes du premier acte dont je viens de parler; et je m'assure que cet artifice m'a si bien réussi, que peu de personnes ont pris garde à l'un ni à l'autre, et que la plupart des spectateurs, laissant emporter leurs esprits à ce qu'ils ont vu et entendu de pathétique en ce poème, ne se sont point avisés de réfléchir sur ces deux considérations.

J'achève par une remarque sur ce que dit Horace, que ce qu'on expose à la vue touche bien plus que ce qu'on n'apprend que par un récit.

C'est sur quoi je me suis fondé pour faire voir le soufflet que reçoit don Diègue, et cacher aux yeux la mort du comte, afin d'acquérir et conserver à mon premier acteur l'amitié des auditeurs, si nécessaire pour réussir au théâtre. L'indignité d'un affront fait à un vieillard, chargé d'années et de victoires, les jette aisément dans le parti de l'offensé; et cette mort, qu'on vient dire au roi tout simplement sans aucune narration touchante, n'excite point en eux la commisération qu'y eût fait naître le spectacle de son sang, et ne leur donne aucune aversion pour ce malheureux amant, qu'ils ont vu forcé par ce qu'il devait à son honneur d'en venir à cette extrémité, malgré l'intérêt et la tendresse de son amour.

ACTEURS

D. FERNAND, premier roi de Castille.
Dª URRAQUE, infante de Castille.
D. DIÈGUE, père de don Rodrigue.
D. GOMÈS, comte de Gormas, père de Chimène.
D. RODRIGUE, amant de Chimène.
D. SANCHE, amoureux de Chimène.
D. ARIAS,
D. ALONSE, gentilshommes castillans.
CHIMÈNE, fille de don Gomès.
LÉONOR, gouvernante de l'infante.
ELVIRE, gouvernante de Chimène.
UN PAGE de l'infante.

La scène est à Séville.

ACTE PREMIER

SCÈNE PREMIÈRE

CHIMÈNE, ELVIRE

Chimène

Elvire, m'as-tu fait un rapport bien sincère ?
Ne déguises-tu rien de ce qu'a dit mon père ?

Elvire

Tous mes sens à moi-même en sont encor charmés :
Il estime Rodrigue autant que vous l'aimez,
Et si je ne m'abuse à lire dans son âme,
5 Il vous commandera de répondre à sa flamme.

Chimène

Dis-moi donc, je te prie, une seconde fois
Ce qui te fait juger qu'il approuve mon choix ;
Apprends-moi de nouveau quel espoir j'en dois prendre ;
Un si charmant discours ne se peut trop entendre ;
10 Tu ne peux trop promettre aux feux de notre amour
La douce liberté de se montrer au jour.
Que t'a-t-il répondu sur la secrète brigue
Que font auprès de toi don Sanche et don Rodrigue ?
N'as-tu point trop fait voir quelle inégalité
15 Entre ces deux amants me penche d'un côté ?

Elvire

Non, j'ai peint votre cœur dans une indifférence

Qui n'enfle d'aucun d'eux ni détruit l'espérance,
Et sans les voir d'un œil trop sévère ou trop doux,
20 Attend l'ordre d'un père à choisir un époux.
Texte de 1637

SCÈNE PREMIÈRE : LE COMTE, ELVIRE

ELVIRE

Entre tous ces amants dont la jeune ferveur
Adore votre fille et brigue ma faveur,
Don Rodrigue et don Sanche à l'envi font paraître
Le beau feu qu'en leurs cœurs ses beautés ont fait naître.
Ce n'est pas que Chimène écoute leurs soupirs,
Ou d'un regard propice anime leurs désirs :
Au contraire, pour tous dedans l'indifférence,
Elle n'ôte à pas un ni donne l'espérance.
Et sans les voir d'un œil trop sévère ou trop doux,
C'est de votre seul choix qu'elle attend un époux.

LE COMTE

Elle est dans le devoir; tous deux sont dignes d'elle,
(Vers 26 à 38 de l'édition définitive, puis)
Va l'en entretenir; mais dans cet entretien
Cache mon entretien et découvre le sien.
Je veux qu'à mon retour nous en parlions ensemble;
L'heure à présent m'appelle au conseil qui s'assemble;
Le roi doit à son fils choisir un gouverneur,
Ou plutôt m'élever à ce haut rang d'honneur;
Ce que pour lui mon bras chaque jour exécute,
Me défend de penser qu'aucun me le dispute.

SCÈNE II : CHIMÈNE, ELVIRE

ELVIRE, *seule.*

Quelle douce nouvelle à ces jeunes amants
Et que tout se dispose à leurs contentements!

CHIMÈNE

Eh bien! Elvire, enfin que faut-il que j'espère?
Que dois-je devenir, et que t'a dit mon père?

ELVIRE

Deux mots dont tous vos sens doivent être charmés :
Il estime Rodrigue autant que vous l'aimez.

CHIMÈNE

L'excès de ce bonheur me met en défiance :

ACTE PREMIER, SCÈNE I

Puis-je à de tels discours donner quelque croyance?

ELVIRE

Il passe bien plus outre, il approuve ses feux,
Et vous doit commander de répondre à ses vœux.
Jugez après cela, puisque tantôt son père
Au sortir du conseil doit proposer l'affaire,
S'il pouvait avoir lieu de mieux prendre son temps,
Et si tous vos désirs seront bientôt contents.
 (Vers 53-58 de l'édition définitive)
Ce respect l'a ravi, sa bouche et son visage
M'en ont donné sur l'heure un digne témoignage,
Et puisqu'il vous en faut encor faire un récit,
Voici d'eux et de vous ce qu'en hâte il m'a dit :
25 « Elle est dans le devoir, tous deux sont dignes d'elle,
Tous deux formés d'un sang noble, vaillant, fidèle,
Jeunes, mais qui font lire aisément dans leurs yeux
L'éclatante vertu de leurs braves aïeux.
Don Rodrigue surtout n'a trait en son visage
30 Qui d'un homme de cœur ne soit la haute image,
Et sort d'une maison si féconde en guerriers,
Qu'ils y prennent naissance au milieu des lauriers.
La valeur de son père en son temps sans pareille,
Tant qu'a duré sa force, a passé pour merveille;
35 Ses rides sur son front ont gravé ses exploits,
Et nous disent encor ce qu'il fut autrefois.
Je me promets du fils ce que j'ai vu du père;
Et ma fille, en un mot, peut l'aimer et me plaire. »
Il allait au conseil, dont l'heure qui pressait
40 A tranché ce discours qu'à peine il commençait;
Mais à ce peu de mots je crois que sa pensée
Entre vos deux amants n'est pas fort balancée.
Le roi doit à son fils élire un gouverneur,
Et c'est lui que regarde un tel degré d'honneur;
45 Ce choix n'est pas douteux, et sa rare vaillance
Ne peut souffrir qu'on craigne aucune concurrence.
Comme ses hauts exploits le rendent sans égal,
Dans un espoir si juste il sera sans rival;
Et puisque don Rodrigue a résolu son père
50 Au sortir du conseil à proposer l'affaire,
Je vous laisse à juger s'il prendra bien son temps,
Et si tous vos désirs seront bientôt contents.

CHIMÈNE

Il semble toutefois que mon âme troublée
Refuse cette joie, et s'en trouve accablée :

Un moment donne au sort des visages divers,
Et dans ce grand bonheur je crains un grand revers.

Elvire

Vous verrez cette crainte heureusement déçue.

Chimène

Allons, quoi qu'il en soit, en attendre l'issue.

SCÈNE II

L'INFANTE, LÉONOR, UN PAGE

L'Infante

Page, allez avertir Chimène de ma part
Qu'aujourd'hui pour me voir elle attend un peu tard,
Et que mon amitié se plaint de sa paresse.

Le page rentre.

Léonor

Madame, chaque jour même désir vous presse ;
Et dans son entretien je vous vois chaque jour
Demander en quel point se trouve son amour.

L'Infante

Ce n'est pas sans sujet : je l'ai presque forcée
A recevoir les traits dont son âme est blessée.
Elle aime don Rodrigue, et le tient de ma main,
Et par moi don Rodrigue a vaincu son dédain ;
Ainsi de ces amants ayant formé les chaînes,
Je dois prendre intérêt à voir finir leurs peines.

Léonor

Madame, toutefois parmi leurs bons succès
Vous montrez un chagrin qui va jusqu'à l'excès.
Cet amour, qui tous deux les comble d'allégresse,
Fait-il de ce grand cœur la profonde tristesse,
Et ce grand intérêt que vous prenez pour eux
Vous rend-il malheureuse alors qu'ils sont heureux ?
Mais je vais trop avant, et deviens indiscrète.

L'Infante

Ma tristesse redouble à la tenir secrète.

Écoute, écoute enfin comme j'ai combattu,
80 Écoute quels assauts brave encor ma vertu.
L'amour est un tyran qui n'épargne personne :
Ce jeune cavalier, cet amant que je donne,
Je l'aime.

Léonor

Vous l'aimez !

L'infante

Mets la main sur mon cœur,
Et vois comme il se trouble au nom de son vainqueur,
85 Comme il le reconnaît.

Léonor

Pardonnez-moi, madame,
Si je sors du respect pour blâmer cette flamme,
Une grande princesse à ce point s'oublier
Que d'admettre en son cœur un simple cavalier !
Et que dirait le roi, que dirait la Castille ?
90 Vous souvient-il encor de qui vous êtes fille ?

L'infante

Il m'en souvient si bien que j'épandrai mon sang,
Avant que je m'abaisse à démentir mon rang.
Je te répondrais bien que dans les belles âmes
Le seul mérite a droit de produire des flammes ;
95 Et si ma passion cherchait à s'excuser,
Mille exemples fameux pourraient l'autoriser :
Mais je n'en veux point suivre où ma gloire s'engage ;
La surprise des sens n'abat point mon courage ;
Et je me dis toujours qu'étant fille de roi
100 Tout autre qu'un monarque est indigne de moi.
Quand je vis que mon cœur ne se pouvait défendre,
Moi-même je donnai ce que je n'osais prendre.
Je mis, au lieu de moi, Chimène en ses liens,
Et j'allumai leurs feux pour éteindre les miens.
105 Ne t'étonne donc plus si mon âme gênée
Avec impatience attend leur hyménée ;
Tu vois que mon repos en dépend aujourd'hui.
Si l'amour vit d'espoir, il périt avec lui ;
C'est un feu qui s'éteint, faute de nourriture ;
110 Et malgré la rigueur de ma triste aventure,
Si Chimène a jamais Rodrigue pour mari
Mon espérance est morte, et mon esprit guéri.

Je souffre cependant un tourment incroyable.
Jusques à cet hymen Rodrigue m'est aimable :
115 Je travaille à le perdre, et le perds à regret ;
Et de là prend son cours mon déplaisir secret.
Je vois avec chagrin que l'amour me contraigne
A pousser des soupirs pour ce que je dédaigne ;
Je sens en deux partis mon esprit divisé.
120 Si mon courage est haut, mon cœur est embrasé.
Cet hymen m'est fatal, je le crains, et souhaite :
Je n'ose en espérer qu'une joie imparfaite.
Ma gloire et mon amour ont pour moi tant d'appas,
Que je meurs s'il s'achève ou ne s'achève pas.

Léonor

125 Madame, après cela je n'ai rien à vous dire,
Sinon que de vos maux avec vous je soupire ;
Je vous blâmais tantôt, je vous plains à présent.
Mais puisque dans un mal si doux et si cuisant
Votre vertu combat et son charme et sa force,
130 En repousse l'assaut, en rejette l'amorce,
Elle rendra le calme à vos esprits flottants.
Espérez donc tout d'elle, et du secours du temps,
Espérez tout du ciel, il a trop de justice
Pour laisser la vertu dans un si long supplice.

L'Infante

135 Ma plus douce espérance est de perdre l'espoir.

Le Page

Par vos commandements Chimène vous vient voir.

L'Infante, *à Léonor*.

Allez l'entretenir en cette galerie.

Léonor

Voulez-vous demeurer dedans la rêverie ?

L'Infante

Non, je veux seulement, malgré mon déplaisir,
140 Remettre mon visage un peu plus à loisir.
Je vous suis. Juste ciel, d'où j'attends mon remède,
Mets enfin quelque borne au mal qui me possède,
Assure mon repos, assure mon honneur.
Dans le bonheur d'autrui je cherche mon bonheur,

145 Cet hyménée à trois également importe ;
Rends son effet plus prompt, ou mon âme plus forte.
D'un lien conjugal joindre ces deux amants,
C'est briser tous mes fers et finir mes tourments.
Mais je tarde un peu trop, allons trouver Chimène,
150 Et par son entretien soulager notre peine.

SCÈNE III

LE COMTE, D. DIÈGUE

LE COMTE

Enfin vous l'emportez, et la faveur du roi
Vous élève en un rang qui n'était dû qu'à moi,
Il vous fait gouverneur du prince de Castille.

D. DIÈGUE

Cette marque d'honneur qu'il met dans ma famille
155 Montre à tous qu'il est juste, et fait connaître assez
Qu'il sait récompenser les services passés.

LE COMTE

Pour grands que soient les rois, ils sont ce que nous sommes :
Ils peuvent se tromper comme les autres hommes ;
Et ce choix sert de preuve à tous les courtisans
160 Qu'ils savent mal payer les services présents.

D. DIÈGUE

Ne parlons plus d'un choix dont votre esprit s'irrite ;
La faveur l'a pu faire autant que le mérite,
Mais on doit ce respect au pouvoir absolu,
De n'examiner rien quand un roi l'a voulu.
165 A l'honneur qu'il m'a fait ajoutez-en un autre ;
Joignons d'un sacré nœud ma maison à la vôtre :
Vous n'avez qu'une fille, et moi je n'ai qu'un fils ;
Leur hymen nous peut rendre à jamais plus qu'amis :
Faites-nous cette grâce, et l'acceptez pour gendre.

LE COMTE

170 A des partis plus hauts ce beau fils doit prétendre ;
Et le nouvel éclat de votre dignité
Lui doit enfler le cœur d'une autre vanité.
  Exercez-la, monsieur, et gouvernez le prince ;

Montrez-lui comme il faut régir une province,
175 Faire trembler partout les peuples sous la loi,
Remplir les bons d'amour et les méchants d'effroi ;
Joignez à ces vertus celle d'un capitaine :
Montrez-lui comme il faut s'endurcir à la peine,
Dans le métier de Mars se rendre sans égal,
180 Passer les jours entiers et les nuits à cheval,
Reposer tout armé, forcer une muraille,
Et ne devoir qu'à soi le gain d'une bataille.
Instruisez-le d'exemple, et rendez-le parfait,
Expliquant à ses yeux vos leçons par l'effet.

D. Diègue

185 Pour s'instruire d'exemple, en dépit de l'envie,
Il lira seulement l'histoire de ma vie.
　Là, dans un long tissu de belles actions,
Il verra comme il faut dompter des nations,
Attaquer une place, ordonner une armée,
190 Et sur de grands exploits bâtir sa renommée.

Le Comte

Les exemples vivants sont d'un autre pouvoir ;
Un prince dans un livre apprend mal son devoir.
Et qu'a fait après tout ce grand nombre d'années,
Que ne puisse égaler une de mes journées[21] ?
195 Si vous fûtes vaillant, je le suis aujourd'hui,
Et ce bras du royaume est plus ferme appui.
Grenade et l'Aragon tremblent quand ce fer brille ;
Mon nom sert de rempart à toute la Castille :
Sans moi, vous passeriez bientôt sous d'autres lois,
200 Et vous auriez bientôt vos ennemis pour rois.
Chaque jour, chaque instant, pour rehausser ma gloire,
Met lauriers sur lauriers, victoire sur victoire :
Le prince à mes côtés ferait dans les combats
L'essai de son courage à l'ombre de mon bras ;
205 Il apprendrait à vaincre en me regardant faire ;
Et pour répondre en hâte à son grand caractère,
Il verrait...

D. Diègue

　　　Je le sais, vous servez bien le roi,
Je vous ai vu combattre et commander sous moi :
Quand l'âge dans mes nerfs a fait couler sa glace,
210 Votre rare valeur a bien rempli ma place ;
Enfin, pour épargner les discours superflus,
Vous êtes aujourd'hui ce qu'autrefois je fus.

Vous voyez toutefois qu'en cette concurrence
Un monarque entre nous met quelque différence.

Le Comte

215 Ce que je méritais, vous l'avez emporté.

D. Diègue

Qui l'a gagné sur vous l'avait mieux mérité.

Le Comte

Qui peut mieux l'exercer en est bien le plus digne.

D. Diègue

En être refusé n'en est pas un bon signe.

Le Comte

Vous l'avez eu par brigue, étant vieux courtisan.

D. Diègue

220 L'éclat de mes hauts faits fut mon seul partisan.

Le Comte

Parlons-en mieux, le roi fait honneur à votre âge.

D. Diègue

Le roi, quand il en fait, le mesure au courage.

Le Comte

Et par là cet honneur n'était dû qu'à mon bras.

D. Diègue

Qui n'a pu l'obtenir ne le méritait pas.

Le Comte

225 Ne le méritait pas! moi?

D. Diègue

Vous.

Le Comte

Ton impudence,
Téméraire vieillard, aura sa récompense.

> *Il lui donne un soufflet.*

D. Diègue, *mettant l'épée à la main.*

Achève, et prends ma vie après un tel affront,
Le premier dont ma race ait vu rougir son front.

Le Comte

Et que penses-tu faire avec tant de faiblesse ?

D. Diègue

230 O Dieu ! ma force usée en ce besoin me laisse !

Le Comte

Ton épée est à moi, mais tu serais trop vain,
Si ce honteux trophée avait chargé ma main.
  Adieu. Fais lire au prince, en dépit de l'envie,
Pour son instruction, l'histoire de ta vie ;
235 D'un insolent discours ce juste châtiment
Ne lui servira pas d'un petit ornement.

SCÈNE IV

D. DIÈGUE

O rage ! ô désespoir ! ô vieillesse ennemie !
N'ai-je donc tant vécu que pour cette infamie ?
Et ne suis-je blanchi dans les travaux guerriers
240 Que pour voir en un jour flétrir tant de lauriers ?
Mon bras qu'avec respect toute l'Espagne admire,
Mon bras, qui tant de fois a sauvé cet empire,
Tant de fois affermi le trône de son roi,
Trahit donc ma querelle, et ne fait rien pour moi ?
245 O cruel souvenir de ma gloire passée !
Œuvre de tant de jours en un jour effacée !
Nouvelle dignité fatale à mon bonheur !
Précipice élevé d'où tombe mon honneur !
Faut-il de votre éclat voir triompher le comte,
250 Et mourir sans vengeance, ou vivre dans la honte ?
Comte, sois de mon prince à présent gouverneur ;
Ce haut rang n'admet point un homme sans honneur ;
Et ton jaloux orgueil par cet affront insigne
Malgré le choix du roi, m'en a su rendre indigne.
255 Et toi, de mes exploits glorieux instrument,
Mais d'un corps tout de glace inutile ornement,
Fer, jadis tant à craindre, et qui, dans cette offense,
M'as servi de parade, et non pas de défense,

Va, quitte désormais le dernier des humains,
260 Passe, pour me venger, en de meilleures mains.

SCÈNE V

D. DIÈGUE, D. RODRIGUE

D. DIÈGUE

Rodrigue, as-tu du cœur?

D. RODRIGUE

Tout autre que mon père
L'éprouverait sur l'heure.

D. DIÈGUE

Agréable colère!
Digne ressentiment à ma douleur bien doux!
Je reconnais mon sang à ce noble courroux;
265 Ma jeunesse revit en cette ardeur si prompte.
Viens, mon fils, viens, mon sang, viens réparer ma honte;
Viens me venger.

D. RODRIGUE

De quoi?

D. DIÈGUE

D'un affront si cruel,
Qu'à l'honneur de tous deux il porte un coup mortel:
D'un soufflet. L'insolent en eût perdu la vie;
270 Mais mon âge a trompé ma généreuse envie;
Et ce fer que mon bras ne peut plus soutenir,
Je le remets au tien pour venger et punir.
    Va contre un arrogant éprouver ton courage:
Ce n'est que dans le sang qu'on lave un tel outrage;
275 Meurs, ou tue. Au surplus, pour ne te point flatter,
Je te donne à combattre un homme à redouter;
Je l'ai vu, tout couvert de sang et de poussière,
Porter partout l'effroi dans une armée entière.
J'ai vu par sa valeur cent escadrons rompus;
280 Et pour t'en dire encor quelque chose de plus,
Plus que brave soldat, plus que grand capitaine,
C'est...

D. RODRIGUE

De grâce, achevez.

D. Diègue
Le père de Chimène.

D. Rodrigue
Le...

D. Diègue
Ne réplique point, je connais ton amour,
Mais qui peut vivre infâme est indigne du jour;
285 Plus l'offenseur est cher, et plus grande est l'offense.
Enfin tu sais l'affront, et tu tiens la vengeance :
Je ne te dis plus rien. Venge-moi, venge-toi;
Montre-toi digne fils d'un père tel que moi.
Accablé des malheurs où le destin me range,
290 Je vais les déplorer. Va, cours, vole, et nous venge.

SCÈNE VI

D. RODRIGUE

Percé jusques au fond du cœur
D'une atteinte imprévue aussi bien que mortelle,
Misérable vengeur d'une juste querelle,
Et malheureux objet d'une injuste rigueur,
295 Je demeure immobile, et mon âme abattue
    Cède au coup qui me tue.
    Si près de voir mon feu récompensé,
        O Dieu, l'étrange peine!
    En cet affront mon père est l'offensé,
300   Et l'offenseur le père de Chimène!

    Que je sens de rudes combats!
Contre mon propre honneur mon amour s'intéresse :
Il faut venger un père, et perdre une maîtresse.
L'un m'anime le cœur, l'autre retient mon bras.
305 Réduit au triste choix ou de trahir ma flamme,
    Ou de vivre en infâme,
    Des deux côtés mon mal est infini.
        O Dieu, l'étrange peine!
    Faut-il laisser un affront impuni?
310   Faut-il punir le père de Chimène?

    Père, maîtresse, honneur, amour,
Noble et dure contrainte, aimable tyrannie,
Tous mes plaisirs sont morts, ou ma gloire ternie.
L'un me rend malheureux, l'autre indigne du jour.
315 Cher et cruel espoir d'une âme généreuse,

                    Mais ensemble amoureuse,
               Digne ennemi de mon plus grand bonheur,
               Fer qui causes ma peine,
               M'es-tu donné pour venger mon honneur ?
320   M'es-tu donné pour perdre ma Chimène ?

               Il vaut mieux courir au trépas.
       Je dois à ma maîtresse aussi bien qu'à mon père ;
       J'attire en me vengeant sa haine et sa colère ;
       J'attire ses mépris en ne me vengeant pas.
325   A mon plus doux espoir l'un me rend infidèle,
                    Et l'autre indigne d'elle.
               Mon mal augmente à le vouloir guérir ;
                    Tout redouble ma peine.
               Allons, mon âme ; et puisqu'il faut mourir,
330   Mourons du moins sans offenser Chimène.

               Mourir sans tirer ma raison !
       Rechercher un trépas si mortel à ma gloire !
       Endurer que l'Espagne impute à ma mémoire
       D'avoir mal soutenu l'honneur de ma maison !
335   Respecter un amour dont mon âme égarée
                    Voit la perte assurée !
               N'écoutons plus ce penser suborneur,
                    Qui ne sert qu'à ma peine.
               Allons, mon bras, sauvons du moins l'honneur,
340   Puisqu'après tout il faut perdre Chimène.

               Oui, mon esprit s'était déçu.
       Je dois tout à mon père avant qu'à ma maîtresse :
       Que je meure au combat, ou meure de tristesse,
       Je rendrai mon sang pur comme je l'ai reçu.
345   Je m'accuse déjà de trop de négligence ;
                    Courons à la vengeance ;
               Et tout honteux d'avoir tant balancé,
                    Ne soyons plus en peine,
               Puisqu'aujourd'hui mon père est l'offensé,
350   Si l'offenseur est père de Chimène.

ACTE II

SCÈNE PREMIÈRE

D. ARIAS, LE COMTE

Le Comte

Je l'avoue entre nous, mon sang un peu trop chaud

S'est trop ému d'un mot, et l'a porté trop haut;
Mais puisque c'en est fait, le coup est sans remède.

D. Arias

Qu'aux volontés du roi ce grand courage cède :
355 Il y prend grande part, et son cœur irrité
Agira contre vous de pleine autorité.
Aussi vous n'avez point de valable défense.
Le rang de l'offensé, la grandeur de l'offense,
Demandent des devoirs et des submissions
360 Qui passent le commun des satisfactions.

Le Comte

Le roi peut, à son gré, disposer de ma vie.

D. Arias

De trop d'emportement votre faute est suivie.
Le roi vous aime encore; apaisez son courroux.
Il a dit : « Je le veux »; désobéirez-vous?

Le Comte

365 Monsieur, pour conserver tout ce que j'ai d'estime,
Désobéir un peu n'est pas un si grand crime;
Et quelque grand qu'il soit, mes services présents
Pour le faire abolir sont plus que suffisants.

D. Arias

Quoi qu'on fasse d'illustre et de considérable,
370 Jamais à son sujet un roi n'est redevable.
Vous vous flattez beaucoup, et vous devez savoir
Que qui sert bien son roi ne fait que son devoir.
Vous vous perdrez, monsieur, sur cette confiance.

Le Comte

Je ne vous en croirai qu'après l'expérience.

D. Arias

375 Vous devez redouter la puissance d'un roi.

Le Comte

Un jour seul ne perd pas un homme tel que moi.
Que toute sa grandeur s'arme pour mon supplice,
Tout l'État périra, s'il faut que je périsse.

D. Arias

Quoi! vous craignez si peu le pouvoir souverain...

Le Comte

380 D'un sceptre qui sans moi tomberait de sa main.
Il a trop d'intérêt lui-même en ma personne,
Et ma tête en tombant ferait choir sa couronne.

D. Arias

Souffrez que la raison remette vos esprits.
Prenez un bon conseil.

Le Comte

            Le conseil en est pris.

D. Arias

385 Que lui dirai-je enfin? je lui dois rendre conte.

Le Comte

Que je ne puis du tout consentir à ma honte.

D. Arias

Mais songez que les rois veulent être absolus.

Le Comte

Le sort en est jeté, monsieur, n'en parlons plus.

D. Arias

Adieu donc, puisqu'en vain je tâche à vous résoudre :
390 Avec tous vos lauriers, craignez encor le foudre.

Le Comte

Je l'attendrai sans peur.

D. Arias

               Mais non pas sans effet.

Le Comte

Nous verrons donc par là don Diègue satisfait.

Il est seul.

Qui ne craint point la mort ne craint point les menaces.

J'ai le cœur au-dessus des plus fières disgrâces;
395 Et l'on peut me réduire à vivre sans bonheur,
Mais non pas me résoudre à vivre sans honneur.

SCÈNE II

LE COMTE, D. RODRIGUE

D. Rodrigue

A moi, comte, deux mots.

Le Comte
Parle.

D. Rodrigue
Ote-moi d'un doute.
Connais-tu bien don Diègue?

Le Comte
Oui.

D. Rodrigue
Parlons bas; écoute.
Sais-tu que ce vieillard fut la même vertu,
400 La vaillance et l'honneur de son temps? le sais-tu?

Le Comte

Peut-être.

D. Rodrigue
Cette ardeur que dans les yeux je porte,
Sais-tu que c'est son sang? le sais-tu?

Le Comte
Que m'importe?

D. Rodrigue

A quatre pas d'ici je te le fais savoir.

Le Comte

Jeune présomptueux!

D. Rodrigue

Parle sans t'émouvoir.
405 Je suis jeune, il est vrai; mais aux âmes bien nées
La valeur n'attend point le nombre des années.

Le Comte

Te mesurer à moi! qui t'a rendu si vain,
Toi qu'on n'a jamais vu les armes à la main!

D. Rodrigue

Mes pareils à deux fois ne se font point connaître,
410 Et pour leurs coups d'essai veulent des coups de maître.

Le Comte

Sais-tu bien qui je suis?

D. Rodrigue

Oui; tout autre que moi
Au seul bruit de ton nom pourrait trembler d'effroi.
Les palmes dont je vois ta tête si couverte
Semblent porter écrit le destin de ma perte.
415 J'attaque en téméraire un bras toujours vainqueur,
Mais j'aurai trop de force, ayant assez de cœur.
A qui venge son père il n'est rien d'impossible.
Ton bras est invaincu, mais non pas invincible.

Le Comte

Ce grand cœur qui paraît aux discours que tu tiens
420 Par tes yeux, chaque jour, se découvrait aux miens;
Et croyant voir en toi l'honneur de la Castille,
Mon âme avec plaisir te destinait ma fille.
Je sais ta passion, et suis ravi de voir
Que tous ses mouvements cèdent à ton devoir;
425 Qu'ils n'ont point affaibli cette ardeur magnanime;
Que ta haute vertu répond à mon estime;
Et que, voulant pour gendre un cavalier parfait,
Je ne me trompais point au choix que j'avais fait.
Mais je sens que pour toi ma pitié s'intéresse;
430 J'admire ton courage, et je plains ta jeunesse.
Ne cherche point à faire un coup d'essai fatal;
Dispense ma valeur d'un combat inégal;
Trop peu d'honneur pour moi suivrait cette victoire :
A vaincre sans péril, on triomphe sans gloire.
435 On te croirait toujours abattu sans effort;

Et j'aurais seulement le regret de ta mort.

D. Rodrigue

D'une indigne pitié ton audace est suivie :
Qui m'ose ôter l'honneur craint de m'ôter la vie!

Le Comte

Retire-toi d'ici.

D. Rodrigue

Marchons sans discourir.

Le Comte

440 Es-tu si las de vivre?

D. Rodrigue

As-tu peur de mourir?

Le Comte

Viens, tu fais ton devoir, et le fils dégénère
Qui survit un moment à l'honneur de son père.

SCÈNE III

L'INFANTE, CHIMÈNE, LÉONOR

L'Infante

Apaise, ma Chimène, apaise ta douleur,
Fais agir ta constance en ce coup de malheur,
445 Tu reverras le calme après ce faible orage,
Ton bonheur n'est couvert que d'un peu de nuage,
Et tu n'as rien perdu pour le voir différer.

Chimène

Mon cœur outré d'ennuis n'ose rien espérer.
Un orage si prompt qui trouble une bonace
450 D'un naufrage certain nous porte la menace;
Je n'en saurais douter, je péris dans le port.
J'aimais, j'étais aimée, et nos pères d'accord;
Et je vous en contais la charmante nouvelle
Au malheureux moment que naissait leur querelle,

Dont le récit fatal, sitôt qu'on vous l'a fait,
D'une si douce attente a ruiné l'effet.
   Maudite ambition, détestable manie,
Dont les plus généreux souffrent la tyrannie!
Honneur impitoyable à mes plus chers désirs,
Que tu me vas coûter de pleurs et de soupirs!

L'Infante

Tu n'as dans leur querelle aucun sujet de craindre :
Un moment l'a fait naître, un moment va l'éteindre.
Elle a fait trop de bruit pour ne pas s'accorder,
Puisque déjà le roi les veut accommoder;
Et tu sais que mon âme, à tes ennuis sensible,
Pour en tarir la source y fera l'impossible.

Chimène

Les accommodements ne font rien en ce point :
De si mortels affronts ne se réparent point.
En vain on fait agir la force ou la prudence;
Si l'on guérit le mal, ce n'est qu'en apparence.
La haine que les cœurs conservent au-dedans
Nourrit des feux cachés, mais d'autant plus ardents.

L'Infante

Le saint nœud qui joindra don Rodrigue et Chimène
Des pères ennemis dissipera la haine;
Et nous verrons bientôt votre amour le plus fort
Par un heureux hymen étouffer ce discord.

Chimène

Je le souhaite ainsi plus que je ne l'espère :
Don Diègue est trop altier, et je connais mon père.
Je sens couler des pleurs que je veux retenir;
Le passé me tourmente, et je crains l'avenir.

L'Infante

Que crains-tu? d'un vieillard l'impuissante faiblesse?

Chimène

Rodrigue a du courage.

L'Infante

        Il a trop de jeunesse.

Chimène

Les hommes valeureux le sont du premier coup.

L'Infante

Tu ne dois pas pourtant le redouter beaucoup :
485 Il est trop amoureux pour te vouloir déplaire ;
Et deux mots de ta bouche arrêtent sa colère.

Chimène

S'il ne m'obéit point, quel comble à mon ennui !
Et s'il peut m'obéir, que dira-t-on de lui ?
Étant né ce qu'il est, souffrir un tel outrage !
490 Soit qu'il cède ou résiste au feu qui me l'engage,
Mon esprit ne peut qu'être ou honteux ou confus
De son trop de respect, ou d'un juste refus.

L'Infante

Chimène a l'âme haute, et quoique intéressée,
Elle ne peut souffrir une basse pensée ;
495 Mais si jusques au jour de l'accommodement
Je fais mon prisonnier de ce parfait amant,
Et que j'empêche ainsi l'effet de son courage,
Ton esprit amoureux n'aura-t-il point d'ombrage ?

Chimène

Ah ! madame, en ce cas je n'ai plus de souci.

SCÈNE IV

l'infante, chimène, léonor, le page

L'Infante

500 Page, cherchez Rodrigue, et l'amenez ici.

Le Page

Le comte de Gormas et lui...

Chimène

Bon Dieu ! je tremble.

L'Infante

Parlez.

Le Page

De ce palais ils sont sortis ensemble.

Chimène

Seuls?

Le Page

Seuls, et qui semblaient tout bas se quereller.

Chimène

Sans doute ils sont aux mains, il n'en faut plus parler.
505 Madame, pardonnez à cette promptitude.

SCÈNE V

l'infante, léonor

L'Infante

Hélas! que dans l'esprit je sens d'inquiétude!
Je pleure ses malheurs, son amant me ravit;
Mon repos m'abandonne, et ma flamme revit.
Ce qui va séparer Rodrigue de Chimène
510 Fait renaître à la fois mon espoir et ma peine;
Et leur division, que je vois à regret,
Dans mon esprit charmé jette un plaisir secret.

Léonor

Cette haute vertu qui règne dans votre âme
Se rend-elle si tôt à cette lâche flamme?

L'Infante

515 Ne la nomme point lâche, à présent que chez moi
Pompeuse et triomphante elle me fait la loi;
Porte-lui du respect, puisqu'elle m'est si chère.
Ma vertu la combat, mais malgré moi, j'espère;
Et d'un si fol espoir mon cœur mal défendu
520 Vole après un amant que Chimène a perdu.

Léonor

Vous laissez choir ainsi ce glorieux courage,
Et la raison chez vous perd ainsi son usage?

L'Infante

Ah! qu'avec peu d'effet on entend la raison,

Quand le cœur est atteint d'un si charmant poison !
525 Et lorsque le malade aime sa maladie,
Qu'il a peine à souffrir que l'on y remédie !

Léonor

Votre espoir vous séduit, votre mal vous est doux ;
Mais enfin ce Rodrigue est indigne de vous.

L'Infante

Je ne le sais que trop ; mais si ma vertu cède,
530 Apprends comme l'amour flatte un cœur qu'il possède.
Si Rodrigue une fois sort vainqueur du combat,
Si dessous sa valeur ce grand guerrier s'abat,
Je puis en faire cas, je puis l'aimer sans honte.
Que ne fera-t-il point, s'il peut vaincre le comte !
535 J'ose m'imaginer qu'à ses moindres exploits
Les royaumes entiers tomberont sous ses lois ;
Et mon amour flatteur déjà me persuade
Que je le vois assis au trône de Grenade,
Les Maures subjugués trembler en l'adorant,
540 L'Aragon recevoir ce nouveau conquérant,
Le Portugal se rendre, et ses nobles journées
Porter delà les mers ses hautes destinées,
Du sang des Africains arroser ses lauriers ;
Enfin tout ce qu'on dit des plus fameux guerriers,
545 Je l'attends de Rodrigue après cette victoire,
Et fais de son amour un sujet de ma gloire.

Léonor

Mais, madame, voyez où vous portez son bras,
Ensuite d'un combat qui peut-être n'est pas.

L'Infante

Rodrigue est offensé, le comte a fait l'outrage ;
550 Ils sont sortis ensemble, en faut-il davantage ?

Léonor

Eh bien ! ils se battront, puisque vous le voulez ;
Mais Rodrigue ira-t-il si loin que vous allez ?

L'Infante

Que veux-tu ? je suis folle, et mon esprit s'égare ;
Tu vois par là quels maux cet amour me prépare.
555 Viens dans mon cabinet consoler mes ennuis ;

Et ne me quitte point dans le trouble où je suis.

SCÈNE VI

D. FERNAND, D. ARIAS, D. SANCHE

D. Fernand

Le comte est donc si vain et si peu raisonnable!
Ose-t-il croire encor son crime pardonnable?

D. Arias

Je l'ai de votre part longtemps entretenu.
560 J'ai fait mon pouvoir, sire, et n'ai rien obtenu.

D. Fernand

Justes cieux! ainsi donc un sujet téméraire
A si peu de respect et de soin de me plaire!
Il offense don Diègue, et méprise son roi!
Au milieu de ma cour il me donne la loi!
565 Qu'il soit brave guerrier, qu'il soit grand capitaine,
Je saurai bien rabattre une humeur si hautaine;
Fût-il la valeur même, et le dieu des combats,
Il verra ce que c'est que de n'obéir pas.
Quoi qu'ait pu mériter une telle insolence,
570 Je l'ai voulu d'abord traiter sans violence;
Mais puisqu'il en abuse, allez dès aujourd'hui,
Soit qu'il résiste ou non, vous assurer de lui.

D. Sanche

Peut-être un peu de temps le rendrait moins rebelle;
On l'a pris tout bouillant encor de sa querelle;
575 Sire, dans la chaleur d'un premier mouvement,
Un cœur si généreux se rend malaisément.
Il voit bien qu'il a tort, mais une âme si haute
N'est pas sitôt réduite à confesser sa faute.
Don Sanche, taisez-vous, et soyez averti
580 Qu'on se rend criminel à prendre son parti.

D. Sanche

J'obéis, et me tais; mais, de grâce encor, sire,
Deux mots en sa défense.

D. Fernand

        Et que pouvez-vous dire?

D. Sanche

Qu'une âme accoutumée aux grandes actions
Ne se peut abaisser à des submissions :
585 Elle n'en conçoit point qui s'expliquent sans honte :
Et c'est à ce mot seul qu'a résisté le comte.
Il trouve en son devoir un peu trop de rigueur,
Et vous obéirait, s'il avait moins de cœur[29].
Commandez que son bras, nourri dans les alarmes,
590 Répare cette injure à la pointe des armes ;
Il satisfera, sire ; et vienne qui voudra,
Attendant qu'il l'ait su, voici qui répondra.

D. Fernand

Vous perdez le respect ; mais je pardonne à l'âge,
Et j'excuse l'ardeur en un jeune courage.
595   Un roi, dont la prudence a de meilleurs objets,
Est meilleur ménager du sang de ses sujets :
Je veille pour les miens, mes soucis les conservent,
Comme le chef a soin des membres qui le servent.
Ainsi votre raison n'est pas raison pour moi :
600 Vous parlez en soldat, je dois agir en roi ;
Et quoi qu'on veuille dire, et quoi qu'il ose croire,
Le comte à m'obéir ne peut perdre sa gloire.
D'ailleurs l'affront me touche, il a perdu d'honneur
Celui que de mon fils j'ai fait le gouverneur ;
605 S'attaquer à mon choix, c'est se prendre à moi-même,
Et faire un attentat sur le pouvoir suprême.
N'en parlons plus. Au reste, on a vu dix vaisseaux
De nos vieux ennemis arborer les drapeaux ;
Vers la bouche du fleuve ils ont osé paraître.

D. Arias

610 Les Maures ont appris par force à vous connaître,
Et tant de fois vaincus, ils ont perdu le cœur
De se plus hasarder contre un si grand vainqueur.

D. Fernand

Ils ne verront jamais, sans quelque jalousie,
Mon sceptre, en dépit d'eux, régir l'Andalousie ;
615 Et ce pays si beau, qu'ils ont trop possédé,
Avec un œil d'envie est toujours regardé.
C'est l'unique raison qui m'a fait dans Séville
Placer depuis dix ans le trône de Castille[30],
Pour les voir de plus près, et d'un ordre plus prompt
620 Renverser aussitôt ce qu'ils entreprendront.

D. Arias

Ils savent aux dépens de leurs plus dignes têtes
Combien votre présence assure vos conquêtes :
Vous n'avez rien à craindre.

D. Fernand

Et rien à négliger.
Le trop de confiance attire le danger ;
625 Et vous n'ignorez pas qu'avec fort peu de peine
Un flux de pleine mer jusqu'ici les amène.
Toutefois j'aurais tort de jeter dans les cœurs,
L'avis étant mal sûr, de paniques terreurs.
L'effroi que produirait cette alarme inutile,
630 Dans la nuit qui survient troublerait trop la ville :
Faites doubler la garde aux murs et sur le port.
C'est assez pour ce soir.

SCÈNE VII

D. FERNAND, D. SANCHE, D. ALONSE

D. Alonse

Sire, le comte est mort.
Don Diègue, par son fils, a vengé son offense.

D. Fernand

Dès que j'ai su l'affront, j'ai prévu la vengeance ;
635 Et j'ai voulu dès lors prévenir ce malheur.

D. Alonse

Chimène à vos genoux apporte sa douleur ;
Elle vient toute en pleurs vous demander justice

D. Fernand

Bien qu'à ses déplaisirs mon âme compatisse,
Ce que le comte a fait semble avoir mérité
640 Ce digne châtiment de sa témérité.
Quelque juste pourtant que puisse être sa peine,

Je ne puis sans regret perdre un tel capitaine.
Après un long service à mon État rendu,
Après son sang pour moi mille fois répandu,
645 A quelques sentiments que son orgueil m'oblige,
Sa perte m'affaiblit, et son trépas m'afflige.

SCÈNE VIII

D. FERNAND, D. DIÈGUE, CHIMÈNE, D. SANCHE,
D. ARIAS, D. ALONSE

CHIMÈNE

Sire, sire, justice!

D. DIÈGUE

Ah! sire, écoutez-nous.

CHIMÈNE

Je me jette à vos pieds.

D. DIÈGUE

J'embrasse vos genoux.

CHIMÈNE

Je demande justice.

D. DIÈGUE

Entendez ma défense.

CHIMÈNE

650 D'un jeune audacieux punissez l'insolence :
Il a de votre sceptre abattu le soutien,
Il a tué mon père.

D. DIÈGUE

Il a vengé le sien.

CHIMÈNE

Au sang de ses sujets un roi doit la justice.

D. DIÈGUE

Pour la juste vengeance il n'est point de supplice.

D. Fernand

655 Levez-vous l'un et l'autre, et parlez à loisir.
Chimène, je prends part à votre déplaisir;
D'une égale douleur je sens mon âme atteinte.
Vous parlerez après; ne troublez pas sa plainte.

Chimène

Sire, mon père est mort; mes yeux ont vu son sang
660 Couler à gros bouillons de son généreux flanc;
Ce sang qui tant de fois garantit vos murailles,
Ce sang qui tant de fois vous gagna des batailles,
Ce sang qui tout sorti fume encor de courroux
De se voir répandu pour d'autres que pour vous,
665 Qu'au milieu des hasards n'osait verser la guerre,
Rodrigue en votre cour vient d'en couvrir la terre.
J'ai couru sur le lieu, sans force et sans couleur,
Je l'ai trouvé sans vie. Excusez ma douleur,
Sire, la voix me manque à ce récit funeste;
670 Mes pleurs et mes soupirs vous diront mieux le reste.

D. Fernand

Prends courage, ma fille, et sache qu'aujourd'hui
Ton roi te veut servir de père au lieu de lui.

Chimène

Sire, de trop d'honneur ma misère est suivie.
Je vous l'ai déjà dit, je l'ai trouvé sans vie;
675 Son flanc était ouvert; et pour mieux m'émouvoir,
Son sang sur la poussière écrivait mon devoir;
Ou plutôt sa valeur en cet état réduite
Me parlait par sa plaie, et hâtait ma poursuite;
Et pour se faire entendre au plus juste des rois,
680 Par cette triste bouche elle empruntait ma voix.
Sire, ne souffrez pas que sous votre puissance
Règne devant vos yeux une telle licence;
Que les plus valeureux, avec impunité,
Soient exposés aux coups de la témérité;
685 Qu'un jeune audacieux triomphe de leur gloire,
Se baigne dans leur sang, et brave leur mémoire.
Un si vaillant guerrier qu'on vient de vous ravir
Éteint, s'il n'est vengé, l'ardeur de vous servir.
Enfin mon père est mort, j'en demande vengeance,
690 Plus pour votre intérêt que pour mon allégeance.
Vous perdez en la mort d'un homme de son rang;
Vengez-la par une autre, et le sang par le sang.

Immolez, non à moi, mais à votre couronne,
Mais à votre grandeur, mais à votre personne;
695 Immolez, dis-je, sire, au bien de tout l'État
Tout ce qu'enorgueillit un si haut attentat.

D. Fernand

Don Diègue, répondez.

D. Diègue

Qu'on est digne d'envie
Lorsqu'en perdant la force on perd aussi la vie,
Et qu'un long âge apprête aux hommes généreux,
700 Au bout de leur carrière, un destin malheureux !
Moi, dont les longs travaux ont acquis tant de gloire,
Moi, que jadis partout a suivi la victoire,
Je me vois aujourd'hui, pour avoir trop vécu,
Recevoir un affront et demeurer vaincu.
705 Ce que n'a pu jamais combat, siège, embuscade,
Ce que n'a pu jamais Aragon ni Grenade,
Ni tous vos ennemis, ni tous mes envieux,
Le comte en votre cour l'a fait presque à vos yeux,
Jaloux de votre choix, et fier de l'avantage
710 Que lui donnait sur moi l'impuissance de l'âge.
Sire, ainsi ces cheveux blanchis sous le harnois,
Ce sang pour vous servir prodigué tant de fois,
Ce bras, jadis l'effroi d'une armée ennemie,
Descendaient au tombeau tous chargés d'infamie,
715 Si je n'eusse produit un fils digne de moi,
Digne de son pays, et digne de son roi.
Il m'a prêté sa main, il a tué le comte;
Il m'a rendu l'honneur, il a lavé ma honte.
Si montrer du courage et du ressentiment,
720 Si venger un soufflet mérite un châtiment,
Sur moi seul doit tomber l'éclat de la tempête :
Quand le bras a failli, l'on en punit la tête.
Qu'on nomme crime, ou non, ce qui fait nos débats,
Sire, j'en suis la tête, il n'en est que le bras.
725 Si Chimène se plaint qu'il a tué son père,
Il ne l'eût jamais fait si je l'eusse pu faire.
Immolez donc ce chef que les ans vont ravir,
Et conservez pour vous le bras qui peut servir.
Aux dépens de mon sang satisfaites Chimène :
730 Je n'y résiste point, je consens à ma peine;
Et, loin de murmurer d'un rigoureux décret,
Mourant sans déshonneur, je mourrai sans regret.

D. Fernand

L'affaire est d'importance, et, bien considérée,
Mérite en plein conseil d'être délibérée.
735 Don Sanche, remettez Chimène en sa maison.
Don Diègue aura ma cour et sa foi pour prison.
Qu'on me cherche son fils. Je vous ferai justice.

Chimène

Il est juste, grand roi, qu'un meurtrier périsse.

D. Fernand

Prends du repos, ma fille, et calme tes douleurs.

Chimène

740 M'ordonner du repos, c'est croître mes malheurs.

ACTE III

SCÈNE PREMIÈRE

D. RODRIGUE, ELVIRE

Elvire

Rodrigue, qu'as-tu fait ? où viens-tu, misérable ?

D. Rodrigue

Suivre le triste cours de mon sort déplorable.

Elvire

Où prends-tu cette audace et ce nouvel orgueil
De paraître en des lieux que tu remplis de deuil ?
745 Quoi ! viens-tu jusqu'ici braver l'ombre du comte ?
Ne l'as-tu pas tué ?

D. Rodrigue

Sa vie était ma honte ;
Mon honneur de ma main a voulu cet effort.

Elvire

Mais chercher ton asile en la maison du mort !

Jamais un meurtrier en fit-il son refuge?

D. Rodrigue

750 Et je n'y viens aussi que m'offrir à mon juge.
Ne me regarde plus d'un visage étonné;
Je cherche le trépas après l'avoir donné.
Mon juge est mon amour, mon juge est ma Chimène :
Je mérite la mort de mériter sa haine,
755 Et j'en viens recevoir, comme un bien souverain,
Et l'arrêt de sa bouche, et le coup de sa main.

Elvire

Fuis plutôt de ses yeux, fuis de sa violence;
A ses premiers transports dérobe ta présence.
Va, ne t'expose point aux premiers mouvements
760 Que poussera l'ardeur de ses ressentiments.

D. Rodrigue

Non, non, ce cher objet à qui j'ai pu déplaire
Ne peut pour mon supplice avoir trop de colère;
Et j'évite cent morts qui me vont accabler,
Si pour mourir plus tôt je puis la redoubler.

Elvire

765 Chimène est au palais, de pleurs toute baignée,
Et n'en reviendra point que bien accompagnée.
Rodrigue, fuis, de grâce, ôte-moi de souci.
Que ne dira-t-on point si l'on te voit ici?
Veux-tu qu'un médisant, pour comble à sa misère,
770 L'accuse d'y souffrir l'assassin de son père?
Elle va revenir; elle vient, je la voi :
Du moins pour son honneur, Rodrigue, cache-toi.

SCÈNE II

D. Sanche, Chimène, Elvire

D. Sanche

Oui, madame, il vous faut de sanglantes victimes :
Votre colère est juste, et vos pleurs légitimes;
775 Et je n'entreprends pas, à force de parler,
Ni de vous adoucir, ni de vous consoler.
Mais si de vous servir je puis être capable,

Employez mon épée à punir le coupable ;
Employez mon amour à venger cette mort :
₇₈₀ Sous vos commandements mon bras sera trop fort.

Chimène

Malheureuse !

D. Sanche

De grâce, acceptez mon service.

Chimène

J'offenserais le roi, qui m'a promis justice.

D. Sanche

Vous savez qu'elle marche avec tant de langueur,
Qu'assez souvent le crime échappe à sa longueur ;
₇₈₅ Son cours lent et douteux fait trop perdre de larmes.
Souffrez qu'un cavalier vous venge par les armes :
La voie en est plus sûre, et plus prompte à punir.

Chimène

C'est le dernier remède ; et s'il y faut venir,
Et que de mes malheurs cette pitié vous dure,
₇₉₀ Vous serez libre alors de venger mon injure.

D. Sanche

C'est l'unique bonheur où mon âme prétend ;
Et pouvant l'espérer, je m'en vais trop content.

SCÈNE III

CHIMÈNE, ELVIRE

Chimène

Enfin je me vois libre, et je puis, sans contrainte,
De mes vives douleurs te faire voir l'atteinte ;
₇₉₅ Je puis donner passage à mes tristes soupirs ;
Je puis t'ouvrir mon âme et tous mes déplaisirs.
Mon père est mort, Elvire ; et la première épée
Dont s'est armé Rodrigue, a sa trame coupée.
Pleurez, pleurez, mes yeux, et fondez-vous en eau !
₈₀₀ La moitié de ma vie a mis l'autre au tombeau,

Et m'oblige à venger, après ce coup funeste,
Celle que je n'ai plus sur celle qui me reste.

Elvire

Reposez-vous, madame.

Chimène

Ah! que mal à propos
Dans un malheur si grand tu parles de repos!
805 Par où sera jamais ma douleur apaisée,
Si je ne puis haïr la main qui l'a causée?
Et que dois-je espérer qu'un tourment éternel,
Si je poursuis un crime, aimant le criminel!

Elvire

Il vous prive d'un père, et vous l'aimez encore!

Chimène

810 C'est peu de dire aimer, Elvire, je l'adore;
Ma passion s'oppose à mon ressentiment;
Dedans mon ennemi je trouve mon amant;
Je sens qu'en dépit de toute ma colère,
Rodrigue dans mon cœur combat encor mon père.
815 Il l'attaque, il le presse, il cède, il se défend,
Tantôt fort, et tantôt faible, et tantôt triomphant :
Mais en ce dur combat de colère et de flamme,
Il déchire mon cœur sans partager mon âme;
Et quoi que mon amour ait sur moi de pouvoir,
820 Je ne consulte point pour suivre mon devoir;
Je cours sans balancer où mon honneur m'oblige.
Rodrigue m'est bien cher, son intérêt m'afflige;
Mon cœur prend son parti; mais, malgré son effort,
Je sais ce que je suis, et que mon père est mort.

Elvire

825 Pensez-vous le poursuivre?

Chimène

Ah! cruelle pensée!
Et cruelle poursuite où je me vois forcée!
Je demande sa tête, et crains de l'obtenir :
Ma mort suivra la sienne, et je le veux punir!

Elvire

Quittez, quittez, madame, un dessein si tragique;

830 Ne vous imposez point de loi si tyrannique.

Chimène

Quoi ! mon père étant mort et presque entre mes bras,
Son sang criera vengeance, et je ne l'orrai pas !
Mon cœur, honteusement surpris par d'autres charmes,
Croira ne lui devoir que d'impuissantes larmes !
835 Et je pourrai souffrir qu'un amour suborneur
Sous un lâche silence étouffe mon honneur !

Elvire

Madame, croyez-moi, vous serez excusable
D'avoir moins de chaleur contre un objet aimable ;
Contre un amant si cher, Vous avez assez fait,
840 Vous avez vu le roi ; n'en pressez point l'effet,
Ne vous obstinez point en cette humeur étrange.

Chimène

Il y va de ma gloire, il faut que je me venge ;
Et de quoi que nous flatte un désir amoureux,
Toute excuse est honteuse aux esprits généreux.

Elvire

845 Mais vous aimez Rodrigue, il ne peut vous déplaire.

Chimène

Je l'avoue.

Elvire

Après tout que pensez-vous donc faire ?

Chimène

Pour conserver ma gloire et finir mon ennui,
Le poursuivre, le perdre, et mourir après lui.

SCÈNE IV

D. RODRIGUE, CHIMÈNE, ELVIRE

D. Rodrigue

Eh bien ! sans vous donner la peine de poursuivre,

850 Assurez-vous l'honneur de m'empêcher de vivre.

Chimène

Elvire, où sommes-nous, et qu'est-ce que je vois ?
Rodrigue en ma maison ! Rodrigue devant moi !

D. Rodrigue

N'épargnez point mon sang ; goûtez, sans résistance,
La douceur de ma perte et de votre vengeance.

Chimène

855 Hélas !

D. Rodrigue

    Écoute-moi.

Chimène

        Je me meurs.

D. Rodrigue

                Un moment.

Chimène

Va, laisse-moi mourir.

D. Rodrigue

                Quatre mots seulement ;
Après, ne me réponds qu'avecque cette épée.

Chimène

Quoi ! du sang de mon père encor toute trempée !

D. Rodrigue

Ma Chimène...

Chimène

        Ote-moi cet objet odieux,
860 Qui reproche ton crime et ta vie à mes yeux.

D. Rodrigue

Regarde-le plutôt pour exciter ta haine,

Pour croître ta colère, et pour hâter ma peine.

CHIMÈNE

Il est teint de mon sang.

D. RODRIGUE

                  Plonge-le dans le mien,
Et fais-lui perdre ainsi la teinture du tien.

CHIMÈNE

865 Ah! quelle cruauté, qui tout en un jour tue
Le père par le fer, la fille par la vue!
Ote-moi cet objet, je ne le puis souffrir :
Tu veux que je t'écoute, et tu me fais mourir!

D. RODRIGUE

Je fais ce que tu veux, mais sans quitter l'envie
870 De finir par tes mains ma déplorable vie;
Car enfin n'attends pas de mon affection
Un lâche repentir d'une bonne action.
L'irréparable effet d'une chaleur trop prompte
Déshonorait mon père, et me couvrait de honte.
875 Tu sais comme un soufflet touche un homme de cœur.
J'avais part à l'affront, j'en ai cherché l'auteur :
Je l'ai vu, j'ai vengé mon honneur et mon père;
Je le ferais encor, si j'avais à le faire.
Ce n'est pas qu'en effet, contre mon père et moi,
880 Ma flamme assez longtemps n'ait combattu pour toi :
Juge de son pouvoir : dans une telle offense
J'ai pu délibérer si j'en prendrais vengeance.
Réduit à te déplaire, ou souffrir un affront,
J'ai pensé qu'à son tour mon bras était trop prompt,
885 Je me suis accusé de trop de violence;
Et ta beauté, sans doute, emportait la balance,
A moins que d'opposer à tes plus forts appas
Qu'un homme sans honneur ne te méritait pas;
Que malgré cette part que j'avais en ton âme,
890 Qui m'aima généreux me haïrait infâme;
Qu'écouter ton amour, obéir à sa voix,
C'était m'en rendre indigne et diffamer ton choix.
Je te le dis encore, et, quoique j'en soupire,
Jusqu'au dernier soupir je veux bien le redire :
895 Je t'ai fait une offense, et j'ai dû m'y porter
Pour effacer ma honte, et pour te mériter;
Mais, quitte envers l'honneur, et quitte envers mon père,

C'est maintenant à toi que je viens satisfaire :
C'est pour t'offrir mon sang qu'en ce lieu tu me vois.
900 J'ai fait ce que j'ai dû, je fais ce que je dois.
Je sais qu'un père mort t'arme contre mon crime ;
Je ne t'ai pas voulu dérober ta victime :
Immole avec courage au sang qu'il a perdu
Celui qui met sa gloire à l'avoir répandu.

Chimène

905 Ah ! Rodrigue ! il est vrai, quoique ton ennemie,
Je ne puis te blâmer d'avoir fui l'infamie ;
Et, de quelque façon qu'éclatent mes douleurs,
Je ne t'accuse point, je pleure mes malheurs.
Je sais ce que l'honneur, après un tel outrage,
910 Demandait à l'ardeur d'un généreux courage :
Tu n'as fait le devoir que d'un homme de bien ;
Mais aussi, le faisant, tu m'as appris le mien.
Ta funeste valeur m'instruit par ta victoire ;
Elle a vengé ton père et soutenu ta gloire :
915 Même soin me regarde, et j'ai, pour m'affliger,
Ma gloire à soutenir, et mon père à venger.
Hélas ! ton intérêt ici me désespère.
Si quelque autre malheur m'avait ravi mon père,
Mon âme aurait trouvé dans le bien de te voir
920 L'unique allégement qu'elle eût pu recevoir ;
Et contre ma douleur j'aurais senti des charmes,
Quand une main si chère eût essuyé mes larmes.
Mais il me faut te perdre après l'avoir perdu ;
Cet effort sur ma flamme à mon honneur est dû ;
925 Et cet affreux devoir, dont l'ordre m'assassine,
Me force à travailler moi-même à ta ruine.
Car enfin n'attends pas de mon affection
De lâches sentiments pour ta punition.
De quoi qu'en ta faveur notre amour m'entretienne,
930 Ma générosité doit répondre à la tienne :
Tu t'es, en m'offensant, montré digne de moi ;
Je me dois, par ta mort, montrer digne de toi.

D. Rodrigue

Ne diffère donc plus ce que l'honneur t'ordonne :
Il demande ma tête, et je te l'abandonne ;
935 Fais-en un sacrifice à ce noble intérêt,
Le coup m'en sera doux, aussi bien que l'arrêt.
Attendre après mon crime une lente justice,
C'est reculer ta gloire autant que mon supplice.
Je mourrai trop heureux mourant d'un coup si beau.

Chimène

940 Va, je suis ta partie, et non pas ton bourreau.
Si tu m'offres ta tête, est-ce à moi de la prendre?
Je la dois attaquer, mais tu dois la défendre;
C'est d'un autre que toi qu'il me faut l'obtenir,
Et je dois te poursuivre, et non pas te punir.

D. Rodrigue

945 De quoi qu'en ma faveur notre amour t'entretienne,
Ta générosité doit répondre à la mienne;
Et pour venger un père emprunter d'autres bras,
Ma Chimène, crois-moi, c'est n'y répondre pas :
Ma main seule du mien a su venger l'offense,
950 Ta main seule du tien doit prendre la vengeance.

Chimène

Cruel! à quel propos sur ce point t'obstiner?
Tu t'es vengé sans aide, et tu m'en veux donner!
Je suivrai ton exemple, et j'ai trop de courage
Pour souffrir qu'avec toi ma gloire se partage.
955 Mon père et mon honneur ne veulent rien devoir
Aux traits de ton amour, ni de ton désespoir.

D. Rodrigue

Rigoureux point d'honneur! hélas! quoi que je fasse,
Ne pourrai-je à la fin obtenir cette grâce?
Au nom d'un père mort, ou de notre amitié,
960 Punis-moi par vengeance, ou du moins par pitié.
Ton malheureux amant aura bien moins de peine
A mourir par ta main qu'à vivre avec ta haine.

Chimène

Va, je ne te hais point.

D. Rodrigue

Tu le dois.

Chimène

Je ne puis.

D. Rodrigue

Crains-tu si peu le blâme, et si peu les faux bruits?
965 Quand on saura mon crime, et que ta flamme dure,

Que ne publieront point l'envie et l'imposture!
Force-les au silence, et, sans plus discourir,
Sauve ta renommée en me faisant mourir.

Chimène

Elle éclate bien mieux en te laissant la vie;
970 Et je veux que la voix de la plus noire envie
Elève au ciel ma gloire et plaigne mes ennuis,
Sachant que je t'adore et que je te poursuis.
Va-t'en, ne montre plus à ma douleur extrême
Ce qu'il faut que je perde, encore que je l'aime.
975 Dans l'ombre de la nuit cache bien ton départ;
Si l'on te voit sortir, mon honneur court hasard.
La seule occasion qu'aura la médisance,
C'est de savoir qu'ici j'ai souffert ta présence :
Ne lui donne point lieu d'attaquer ma vertu.

D. Rodrigue

980 Que je meure!

Chimène

    Va-t'en.

D. Rodrigue

        A quoi te résous-tu?

Chimène

Malgré des feux si beaux qui troublent ma colère,
Je ferai mon possible à bien venger mon père;
Mais, malgré la rigueur d'un si cruel devoir,
Mon unique souhait est de ne rien pouvoir.

D. Rodrigue

985 O miracle d'amour!

Chimène

    O comble de misères!

D. Rodrigue

Que de maux et de pleurs nous coûteront nos pères!

Chimène

Rodrigue, qui l'eût cru?

####### D. Rodrigue

Chimène, qui l'eût dit?

####### Chimène

Que notre heur fût si proche, et sitôt se perdît?

####### D. Rodrigue

Et que si près du port, contre toute apparence,
990 Un orage si prompt brisât notre espérance?

####### Chimène

Ah! mortelles douleurs!

####### D. Rodrigue

Ah! regrets superflus!

####### Chimène

Va-t'en, encore un coup, je ne t'écoute plus.

####### D. Rodrigue

Adieu; je vais traîner une mourante vie,
Tant que par ta poursuite elle me soit ravie.

####### Chimène

995 Si j'en obtiens l'effet, je t'engage ma foi
De ne respirer pas un moment après toi.
Adieu; sors, et surtout garde bien qu'on te voie.

####### Elvire

Madame, quelques maux que le ciel nous envoie...

####### Chimène

Ne m'importune plus, laisse-moi soupirer.
1000 Je cherche le silence et la nuit pour pleurer.

SCÈNE V

####### D. Diègue

Jamais nous ne goûtons de parfaite allégresse:
Nos plus heureux succès sont mêlés de tristesse;

Toujours quelques soucis en ces événements
Troublent la pureté de nos contentements.
1005 Au milieu du bonheur mon âme en sent l'atteinte :
Je nage dans la joie, et je tremble de crainte.
J'ai vu mort l'ennemi qui m'avait outragé ;
Et je ne saurais voir la main qui m'a vengé.
En vain je m'y travaille, et d'un soin inutile,
1010 Tout cassé que je suis, je cours toute la ville :
Ce peu que mes vieux ans m'ont laissé de vigueur
Se consume sans fruit à chercher ce vainqueur.
A toute heure, en tous lieux, dans une nuit si sombre,
Je pense l'embrasser, et n'embrasse qu'une ombre ;
1015 Et mon amour, déçu par cet objet trompeur,
Se forme des soupçons qui redoublent ma peur.
Je ne découvre point de marques de sa fuite ;
Je crains du comte mort les amis et la suite ;
Leur nombre m'épouvante et confond ma raison.
1020 Rodrigue ne vit plus, ou respire en prison.
Justes cieux ! me trompé-je encore à l'apparence,
Ou si je vois enfin mon unique espérance ?
C'est lui, n'en doutons plus ; mes vœux sont exaucés,
Ma crainte est dissipée, et mes ennuis cessés.

SCÈNE VI

D. DIÈGUE, D. RODRIGUE

D. DIÈGUE

1025 Rodrigue, enfin le ciel permet que je te voie !

D. RODRIGUE

Hélas !

D. DIÈGUE

Ne mêle point de soupirs à ma joie ;
Laisse-moi prendre haleine afin de te louer.
Ma valeur n'a point lieu de te désavouer ;
Tu l'as bien imitée, et ton illustre audace
1030 Fait bien revivre en toi les héros de ma race ;
C'est d'eux que tu descends, c'est de moi que tu viens ;
Ton premier coup d'épée égale tous les miens ;
Et d'une belle ardeur ta jeunesse animée
Par cette grande épreuve atteint ma renommée.
1035 Appui de ma vieillesse, et comble de mon heur,

Touche ces cheveux blancs à qui tu rends l'honneur;
Viens baiser cette joue, et reconnais la place
Où fut empreint l'affront que ton courage efface.

D. RODRIGUE

L'honneur vous en est dû; je ne pouvais pas moins
1040 Étant sorti de vous et nourri par vos soins.
Je m'en tiens trop heureux, et mon âme est ravie
Que mon coup d'essai plaise à qui je dois la vie;
Mais parmi vos plaisirs ne soyez point jaloux
Si je m'ose à mon tour satisfaire après vous.
1045 Souffrez qu'en liberté mon désespoir éclate;
Assez et trop longtemps votre discours le flatte.
Je ne me repens point de vous avoir servi;
Mais rendez-moi le bien que ce coup m'a ravi.
Mon bras pour vous venger, armé contre ma flamme,
1050 Par ce coup glorieux m'a privé de mon âme.
Ne me dites plus rien; pour vous j'ai tout perdu:
Ce que je vous devais, je vous l'ai bien rendu.

D. DIÈGUE

Porte, porte plus haut le fruit de ta victoire:
Je t'ai donné la vie, et tu me rends ma gloire;
1055 Et d'autant que l'honneur m'est plus cher que le jour,
D'autant plus maintenant je te dois de retour.
Mais d'un cœur magnanime éloigne ces faiblesses;
Nous n'avons qu'un honneur, il est tant de maîtresses!
L'amour n'est qu'un plaisir, l'honneur est un devoir.

D. RODRIGUE

1060 Ah! que me dites-vous?

D. DIÈGUE

Ce que tu dois savoir.

D. RODRIGUE

Mon honneur offensé sur moi-même se venge;
Et vous m'osez pousser à la honte du change!
L'infamie est pareille, et suit également
Le guerrier sans courage et le perfide amant.
1065 A ma fidélité ne faites point d'injure;
Souffrez-moi généreux sans me rendre parjure;
Mes liens sont trop forts pour être ainsi rompus;
Ma foi m'engage encor si je n'espère plus;
Et, ne pouvant quitter ni posséder Chimène,

1070 Le trépas que je cherche est ma plus douce peine.

D. Diègue

Il n'est pas temps encor de chercher le trépas :
Ton prince et ton pays ont besoin de ton bras.
La flotte qu'on craignait, dans ce grand fleuve entrée,
Croit surprendre la ville et piller la contrée.
1075 Les Maures vont descendre, et le flux et la nuit
Dans une heure à nos murs les amènent sans bruit.
La cour est en désordre, et le peuple en alarmes ;
On n'entend que des cris, on ne voit que des larmes.
Dans ce malheur public mon bonheur a permis
1080 Que j'ai trouvé chez moi cinq cents de mes amis,
Qui, sachant mon affront, poussés d'un même zèle,
Se venaient tous offrir à venger ma querelle.
Tu les as prévenus ; mais leurs vaillantes mains
Se tremperont bien mieux au sang des Africains.
1085 Va marcher à leur tête où l'honneur te demande ;
C'est toi que veut pour chef leur généreuse bande.
De ces vieux ennemis va soutenir l'abord :
Là, si tu veux mourir, trouve une belle mort,
Prends-en l'occasion, puisqu'elle t'est offerte ;
1090 Fais devoir à ton roi son salut à ta perte ;
Mais reviens-en plutôt les palmes sur le front.
Ne borne pas ta gloire à venger un affront,
Porte-la plus avant, force par ta vaillance
Ce monarque au pardon, et Chimène au silence ;
1095 Si tu l'aimes, apprends que revenir vainqueur
C'est l'unique moyen de regagner son cœur.
Mais le temps est trop cher pour le perdre en paroles ;
Je t'arrête en discours, et je veux que tu voles.
Viens, suis-moi, va combattre, et montrer à ton roi
1100 Que ce qu'il perd au comte il le recouvre en toi.

ACTE IV

SCÈNE PREMIÈRE

CHIMÈNE, ELVIRE

Chimène

N'est-ce point un faux bruit ? le sais-tu bien, Elvire ?

Elvire

Vous ne croiriez jamais comme chacun l'admire,
Et porte jusqu'au ciel, d'une commune voix,
De ce jeune héros les glorieux exploits.
Les Maures devant lui n'ont paru qu'à leur honte;
Leur abord fut bien prompt, leur fuite encor plus prompte;
Trois heures de combat laissent à nos guerriers
Une victoire entière et deux rois prisonniers.
La valeur de leur chef ne trouvait point d'obstacles.

Chimène

Et la main de Rodrigue a fait tous ces miracles?

Elvire

De ses nobles efforts ces deux rois sont le prix;
Sa main les a vaincus, et sa main les a pris.

Chimène

De qui peux-tu savoir ces nouvelles étranges?

Elvire

Du peuple qui partout fait sonner ses louanges,
Le nomme de sa joie et l'objet et l'auteur,
Son ange tutélaire et son libérateur.

Chimène

Et le roi, de quel œil voit-il tant de vaillance?

Elvire

Rodrigue n'ose encor paraître en sa présence;
Mais don Diègue ravi lui présente enchaînés,
Au nom de ce vainqueur, ces captifs couronnés,
Et demande pour grâce à ce généreux prince
Qu'il daigne voir la main qui sauve la province.

Chimène

Mais n'est-il point blessé?

Elvire

                Je n'en ai rien appris.
Vous changez de couleur! reprenez vos esprits.

Chimène

Reprenons donc aussi ma colère affaiblie:

Pour avoir soin de lui faut-il que je m'oublie?
On le vante, on le loue, et mon cœur y consent!
Mon honneur est muet, mon devoir impuissant!
Silence, mon amour, laisse agir ma colère :
1130 S'il a vaincu deux rois, il a tué mon père;
Ces tristes vêtements, où je lis mon malheur,
Sont les premiers effets qu'ait produits sa valeur;
Et quoi qu'on die ailleurs d'un cœur si magnanime,
Ici tous les objets me parlent de son crime.
1135 Vous qui rendez la force à mes ressentiments,
Voiles, crêpes, habits, lugubres ornements,
Pompe que me prescrit sa première victoire,
Contre ma passion soutenez bien ma gloire;
Et lorsque mon amour prendra trop de pouvoir,
1140 Parlez à mon esprit de mon triste devoir,
Attaquez sans rien craindre une main triomphante.

Elvire

Modérez ces transports, voici venir l'infante.

SCÈNE II

L'INFANTE, CHIMÈNE, LÉONOR, ELVIRE

L'Infante

Je ne viens pas ici consoler tes douleurs;
Je viens plutôt mêler mes soupirs à tes pleurs.

Chimène

1145 Prenez bien plutôt part à la commune joie,
Et goûtez le bonheur que le ciel vous envoie,
Madame, autre que moi n'a droit de soupirer.
Le péril dont Rodrigue a su nous retirer,
Et le salut public que vous rendent ses armes,
1150 A moi seule aujourd'hui souffrent encor les larmes :
Il a sauvé la ville, il a servi son roi;
Et son bras valeureux n'est funeste qu'à moi.

L'Infante

Ma Chimène, il est vrai qu'il a fait des merveilles.

Chimène

Déjà ce bruit fâcheux a frappé mes oreilles;

Et je l'entends partout publier hautement
Aussi brave guerrier que malheureux amant.

L'Infante

Qu'a de fâcheux pour toi ce discours populaire?
Ce jeune Mars qu'il loue a su jadis te plaire;
Il possédait ton âme, il vivait sous tes lois;
Et vanter sa valeur, c'est honorer ton choix.

Chimène

Chacun peut la vanter avec quelque justice,
Mais pour moi sa louange est un nouveau supplice.
On aigrit ma douleur en l'élevant si haut :
Je vois ce que je perds quand je vois ce qu'il vaut.
Ah! cruels déplaisirs à l'esprit d'une amante!
Plus j'apprends son mérite, et plus mon feu s'augmente :
Cependant mon devoir est toujours le plus fort,
Et malgré mon amour va poursuivre sa mort.

L'Infante

Hier ce devoir te mit en une haute estime;
L'effort que tu te fis parut si magnanime,
Si digne d'un grand cœur, que chacun à la cour
Admirait ton courage et plaignait ton amour.
Mais croirais-tu l'avis d'une amitié fidèle?

Chimène

Ne vous obéir pas me rendrait criminelle.

L'Infante

Ce qui fut juste alors ne l'est plus aujourd'hui.
Rodrigue maintenant est notre unique appui,
L'espérance et l'amour d'un peuple qui l'adore,
Le soutien de Castille, et la terreur du More.
Le roi même est d'accord de cette vérité,
Que ton père en lui seul se voit ressuscité;
Et si tu veux enfin qu'en deux mots je m'explique,
Tu poursuis en sa mort la ruine publique.
Quoi? pour venger un père est-il jamais permis
De livrer sa patrie aux mains des ennemis?
Contre nous ta poursuite est-elle légitime?
Et pour être punis avons-nous part au crime?
Ce n'est pas qu'après tout tu doives épouser
Celui qu'un père mort t'obligeait d'accuser :
Je te voudrais moi-même en arracher l'envie :

1190 Ote-lui ton amour, mais laisse-nous sa vie.

Chimène

Ah! ce n'est pas à moi d'avoir tant de bonté;
Le devoir qui m'aigrit n'a rien de limité.
Quoique pour ce vainqueur mon amour s'intéresse,
Quoiqu'un peuple l'adore et qu'un roi le caresse,
1195 Qu'il soit environné des plus vaillants guerriers,
J'irai sous mes cyprès accabler ses lauriers.

L'Infante

C'est générosité quand, pour venger un père,
Notre devoir attaque une tête si chère;
Mais c'en est une encor d'un plus illustre rang,
1200 Quand on donne au public les intérêts du sang.
Non, crois-moi, c'est assez que d'éteindre ta flamme :
Il sera trop puni s'il n'est plus dans ton âme.
Que le bien du pays t'impose cette loi :
Aussi bien que crois-tu que t'accorde le roi?

Chimène

1205 Il peut me refuser, mais je ne puis me taire.

L'Infante

Pense bien, ma Chimène, à ce que tu veux faire.
Adieu : tu pourras seule y penser à loisir.

Chimène

Après mon père mort, je n'ai point à choisir.

SCÈNE III

D. FERNAND, D. DIÈGUE, D. ARIAS,
D. RODRIGUE, D. SANCHE

D. Fernand

Généreux héritier d'une illustre famille
1210 Qui fut toujours la gloire et l'appui de Castille,
Race de tant d'aïeux en valeur signalés,
Que l'essai de la tienne a sitôt égalés,
Pour te récompenser ma force est trop petite;
Et j'ai moins de pouvoir que tu n'as de mérite.

1215 Le pays délivré d'un si rude ennemi,
Mon sceptre dans ma main par la tienne affermi,
Et les Maures défaits avant qu'en ces alarmes
J'eusse pu donner ordre à repousser leurs armes,
Ne sont point des exploits qui laissent à ton roi
1220 Le moyen ni l'espoir de s'acquitter vers toi.
Mais deux rois tes captifs feront ta récompense :
Ils t'ont nommé tous deux leur Cid en ma présence.
Puisque Cid en leur langue est autant que seigneur,
Je ne t'envierai pas ce beau titre d'honneur.
1225   Sois désormais le Cid; qu'à ce grand nom tout cède;
Qu'il comble d'épouvante et Grenade et Tolède,
Et qu'il marque à tous ceux qui vivent sous mes lois
Et ce que tu me vaux, et ce que je te dois.

D. RODRIGUE

Que votre majesté, sire, épargne ma honte.
1230 D'un si faible service elle fait trop de conte,
Et me force à rougir devant un si grand roi
De mériter si peu l'honneur que j'en reçoi.
Je sais trop que je dois au bien de votre empire
Et le sang qui m'anime, et l'air que je respire;
1235 Et quand je les perdrai pour un si digne objet,
Je ferai seulement le devoir d'un sujet.

D. FERNAND

Tous ceux que ce devoir à mon service engage
Ne s'en acquittent pas avec même courage;
Et lorsque la valeur ne va point dans l'excès,
1240 Elle ne produit point de si rares succès.
Souffre donc qu'on te loue, et de cette victoire
Apprends-moi plus au long la véritable histoire.

D. RODRIGUE

Sire, vous avez su qu'en ce danger pressant,
Qui jeta dans la ville un effroi si puissant,
1245 Une troupe d'amis chez mon père assemblée
Sollicita mon âme encor toute troublée...
Mais, sire, pardonnez à ma témérité,
Si j'osai l'employer sans votre autorité :
Le péril approchait; leur brigade était prête;
1250 Me montrant à la cour, je hasardais ma tête.
Et s'il fallait la perdre, il m'était bien plus doux
De sortir de la vie en combattant pour vous.

D. FERNAND

J'excuse ta chaleur à venger ton offense;

Et l'État défendu me parle en ta défense :
1255 Crois que dorénavant Chimène a beau parler,
Je ne l'écoute plus que pour la consoler.
Mais poursuis.

D. RODRIGUE

    Sous moi donc cette troupe s'avance,
Et porte sur le front une mâle assurance.
Nous partîmes cinq cents ; mais par un prompt renfort,
1260 Nous nous vîmes trois mille en arrivant au port,
Tant, à nous voir marcher avec un tel visage,
Les plus épouvantés reprenaient de courage !
J'en cache les deux tiers, aussitôt qu'arrivés,
Dans le fond des vaisseaux qui lors furent trouvés ;
1265 Le reste, dont le nombre augmentait à toute heure,
Brûlant d'impatience, autour de moi demeure,
Se couche contre terre, et sans faire aucun bruit
Passe une bonne part d'une si belle nuit.
Par mon commandement la garde en fait de même,
1270 Et se tenant cachée, aide à mon stratagème ;
Et je feins hardiment d'avoir reçu de vous
L'ordre qu'on me voit suivre et que je donne à tous.
    Cette obscure clarté qui tombe des étoiles
Enfin avec le flux nous fait voir trente voiles ;
1275 L'onde s'enfle dessous, et d'un commun effort
Les Maures et la mer montent jusques au port.
On les laisse passer ; tout leur paraît tranquille ;
Point de soldats au port, point aux murs de la ville.
Notre profond silence abusant leurs esprits,
1280 Ils n'osent plus douter de nous avoir surpris ;
Ils abordent sans peur, ils ancrent, ils descendent,
Et courent se livrer aux mains qui les attendent.
Nous nous levons alors, et tous en même temps
Poussons jusques au ciel mille cris éclatants ;
1285 Les nôtres, à ces cris, de nos vaisseaux répondent ;
Ils paraissent armés, les Maures se confondent,
L'épouvante les prend à demi descendus ;
Avant que de combattre ils s'estiment perdus.
Ils couraient au pillage, et rencontrent la guerre ;
1290 Nous les pressons sur l'eau, nous les pressons sur terre,
Et nous faisons courir des ruisseaux de leur sang,
Avant qu'aucun résiste ou reprenne son rang.
Mais bientôt, malgré nous, leurs princes les rallient,
Leur courage renaît, et leurs terreurs s'oublient :
1295 La honte de mourir sans avoir combattu
Arrête leur désordre, et leur rend leur vertu.
Contre nous de pied ferme ils tirent leurs alfanges ;

De notre sang au leur font d'horribles mélanges.
Et la terre, et le fleuve, et leur flotte, et le port,
1300 Sont des champs de carnage où triomphe la mort.
   O combien d'actions, combien d'exploits célèbres
Sont demeurés sans gloire au milieu des ténèbres,
Où chacun, seul témoin des grands coups qu'il donnait,
Ne pouvait discerner où le sort inclinait!
1305 J'allais de tous côtés encourager les nôtres,
Faire avancer les uns et soutenir les autres,
Ranger ceux qui venaient, les pousser à leur tour,
Et ne l'ai pu savoir jusques au point du jour.
Mais enfin sa clarté montre notre avantage;
1310 Le Maure voit sa perte, et perd soudain courage :
Et voyant un renfort qui nous vient secourir,
L'ardeur de vaincre cède à la peur de mourir.
Ils gagnent leurs vaisseaux, ils en coupent les chables,
Poussent jusques aux cieux des cris épouvantables,
1315 Font retraite en tumulte, et sans considérer
Si leurs rois avec eux peuvent se retirer.
Pour souffrir ce devoir leur frayeur est trop forte;
Le flux les apporta, le reflux les remporte;
Cependant que leurs rois, engagés parmi nous,
1320 Et quelque peu des leurs, tous percés de nos coups,
Disputent vaillamment et vendent bien leur vie.
A se rendre moi-même en vain je les convie :
Le cimeterre au poing ils ne m'écoutent pas;
Mais voyant à leurs pieds tomber tous leurs soldats,
1325 Et que seuls désormais en vain ils se défendent,
Ils demandent le chef; je me nomme, ils se rendent.
Je vous les envoyai tous deux en même temps;
Et le combat cessa faute de combattants.
   C'est de cette façon que pour votre service...

SCÈNE IV

D. FERNAND, D. DIÈGUE, D. RODRIGUE, D. ARIAS,
D. ALONSE, D. SANCHE

D. ALONSE

1330 Sire, Chimène vient vous demander justice.

D. FERNAND

La fâcheuse nouvelle, et l'importun devoir!
Va, je ne la veux pas obliger à te voir.

Pour tous remerciements il faut que je te chasse :
Mais avant que sortir, viens, que ton roi t'embrasse.

D. Rodrigue rentre.

D. Diègue

1335 Chimène le poursuit, et voudrait le sauver.

D. Fernand

On m'a dit qu'elle l'aime, et je vais l'éprouver.
Montrez un œil plus triste.

SCÈNE V

**D. FERNAND, D. DIÈGUE, D. ARIAS, D. SANCHE
D. ALONSE, CHIMÈNE, ELVIRE**

D. Fernand

                Enfin soyez contente,
Chimène, le succès répond à votre attente :
Si de nos ennemis Rodrigue a le dessus,
1340 Il est mort à nos yeux des coups qu'il a reçus;
Rendez grâces au ciel qui vous en a vengée.

A D. Diègue.

Voyez comme déjà sa couleur est changée.

D. Diègue

Mais voyez qu'elle pâme, et d'un amour parfait,
Dans cette pâmoison, sire, admirez l'effet.
1345 Sa douleur a trahi les secrets de son âme,
Et ne vous permet plus de douter de sa flamme.

Chimène

Quoi! Rodrigue est donc mort?

D. Fernand

                    Non, non, il voit le jour,
Et te conserve encore un immuable amour :
Calme cette douleur qui pour lui s'intéresse.

Chimène

1350 Sire, on pâme de joie, ainsi que de tristesse :

Un excès de plaisirs nous rend tout languissants ;
Et quand il surprend l'âme, il accable les sens.

D. Fernand

Tu veux qu'en ta faveur nous croyions l'impossible ?
Chimène, ta douleur a paru trop visible.

Chimène

1355 Eh bien ! sire, ajoutez ce comble à mon malheur,
Nommez ma pâmoison l'effet de ma douleur :
Un juste déplaisir à ce point m'a réduite ;
Son trépas dérobait sa tête à ma poursuite ;
S'il meurt des coups reçus pour le bien du pays,
1360 Ma vengeance est perdue et mes desseins trahis :
Une si belle fin m'est trop injurieuse.
Je demande sa mort, mais non pas glorieuse,
Non pas dans un éclat qui l'élève si haut,
Non pas au lit d'honneur, mais sur un échafaud ;
1365 Qu'il meure pour mon père, et non pour la patrie ;
Que son nom soit taché, sa mémoire flétrie.
Mourir pour le pays n'est pas un triste sort ;
C'est s'immortaliser par une belle mort.
    J'aime donc sa victoire, et je le puis sans crime.
1370 Elle assure l'État, et me rend ma victime,
Mais noble, mais fameuse entre tous les guerriers,
Le chef, au lieu de fleurs, couronné de lauriers ;
Et pour dire en un mot ce que j'en considère,
Digne d'être immolée aux mânes de mon père...
1375   Hélas ! à quel espoir me laissé-je emporter !
Rodrigue de ma part n'a rien à redouter ;
Que pourraient contre lui des larmes qu'on méprise ?
Pour lui tout votre empire est un lieu de franchise ;
Là, sous votre pouvoir, tout lui devient permis ;
1380 Il triomphe de moi comme des ennemis,
Dans leur sang répandu la justice étouffée
Aux crimes du vainqueur sert d'un nouveau trophée ;
Nous en croissons la pompe, et le mépris des lois
Nous fait suivre son char au milieu de deux rois.

D. Fernand

1385 Ma fille, ces transports ont trop de violence.
Quand on rend la justice on met tout en balance :
On a tué ton père, il était l'agresseur ;
Et la même équité m'ordonne la douceur.
Avant que d'accuser ce que j'en fais paraître,
1390 Consulte bien ton cœur : Rodrigue en est le maître.

Et ta flamme en secret rend grâces à ton roi,
Dont la faveur conserve un tel amant pour toi.

Chimène

Pour moi! mon ennemi! l'objet de ma colère!
L'auteur de mes malheurs! l'assassin de mon père!
1395 De ma juste poursuite on fait si peu de cas
Qu'on me croit obliger en ne m'écoutant pas!
  Puisque vous refusez la justice à mes larmes,
Sire, permettez-moi de recourir aux armes;
C'est par là seulement qu'il a su m'outrager,
1400 Et c'est aussi par là que je me dois venger.
  A tous vos cavaliers je demande sa tête;
Oui, qu'un d'eux me l'apporte, et je suis sa conquête;
Qu'ils le combattent, sire; et le combat fini,
J'épouse le vainqueur, si Rodrigue est puni.
1405 Sous votre autorité souffrez qu'on le publie.

D. Fernand

Cette vieille coutume en ces lieux établie,
Sous couleur de punir un injuste attentat,
Des meilleurs combattants affaiblit un État;
Souvent de cet abus le succès déplorable
1410 Opprime l'innocent et soutient le coupable.
J'en dispense Rodrigue; il m'est trop précieux
Pour l'exposer aux coups d'un sort capricieux;
Et quoi qu'ait pu commettre un cœur si magnanime,
Les Maures en fuyant ont emporté son crime.

D. Diègue

1415 Quoi! sire, pour lui seul vous renversez des lois
Qu'a vu toute la cour observer tant de fois!
Que croira votre peuple, et que dira l'envie,
Si sous votre défense il ménage sa vie,
Et s'en fait un prétexte à ne paraître pas
1420 Où tous les gens d'honneur cherchent un beau trépas?
De pareilles faveurs terniraient trop sa gloire:
Qu'il goûte sans rougir les fruits de sa victoire.
Le comte eut de l'audace, il l'en a su punir:
Il l'a fait en brave homme, et le doit maintenir.

D. Fernand

1425 Puisque vous le voulez, j'accorde qu'il le fasse:
Mais d'un guerrier vaincu mille prendraient la place,
Et le prix que Chimène au vainqueur a promis

De tous mes cavaliers feraient ses ennemis :
L'opposer seul à tous serait trop d'injustice ;
1430 Il suffit qu'une fois il entre dans la lice.
 Choisis qui tu voudras, Chimène, et choisis bien ;
Mais après ce combat ne demande plus rien.

D. Diègue

N'excusez point par là ceux que son bras étonne ;
Laissez un champ ouvert où n'entrera personne.
1435 Après ce que Rodrigue a fait voir aujourd'hui,
Quel courage assez vain s'oserait prendre à lui ?
Qui se hasarderait contre un tel adversaire ?
Qui serait ce vaillant, ou bien ce téméraire ?

D. Sanche

Faites ouvrir le champ : vous voyez l'assaillant ;
1440 Je suis ce téméraire, ou plutôt ce vaillant.
 Accordez cette grâce à l'ardeur qui me presse.
Madame, vous savez quelle est votre promesse.

D. Fernand

Chimène, remets-tu ta querelle en sa main ?

Chimène

Sire, je l'ai promis.

D. Fernand

 Soyez prêt à demain.

D. Diègue

1445 Non, sire, il ne faut pas différer davantage :
On est toujours trop prêt quand on a du courage.

D. Fernand

Sortir d'une bataille, et combattre à l'instant !

D. Diègue

Rodrigue a pris haleine en vous la racontant.

D. Fernand

Du moins une heure ou deux je veux qu'il se délasse ;
1450 Mais de peur qu'en exemple un tel combat ne passe,
Pour témoigner à tous qu'à regret je promets

Un sanglant procédé qui ne me plut jamais,
De moi ni de ma cour il n'aura la présence.

Il parle à D. Arias.

Vous seul des combattants jugerez la vaillance.
1455 Ayez soin que tous deux fassent en gens de cœur,
Et, le combat fini, m'amenez le vainqueur.
Qui qu'il soit, même prix est acquis à sa peine ;
Je le veux de ma main présenter à Chimène,
Et que pour récompense il reçoive sa foi.

Chimène

1460 Quoi ! sire, m'imposer une si dure loi !

D. Fernand

Tu t'en plains ; mais ton feu, loin d'avouer ta plainte,
Si Rodrigue est vainqueur, l'accepte sans contrainte.
Cesse de murmurer contre un arrêt si doux ;
Qui que ce soit des deux, j'en ferai ton époux.

ACTE V

SCÈNE PREMIÈRE

D. RODRIGUE, CHIMÈNE

Chimène

1465 Quoi ! Rodrigue, en plein jour ! d'où te vient cette audace ?
Va, tu me perds d'honneur ; retire-toi, de grâce.

D. Rodrigue

Je vais mourir, madame, et vous viens en ce lieu,
Avant le coup mortel, dire un dernier adieu :
Cet immuable amour qui sous vos lois m'engage
1470 N'ose accepter ma mort sans vous en faire hommage.

Chimène

Tu vas mourir !

D. Rodrigue

Je cours à ces heureux moments
Qui vont livrer ma vie à vos ressentiments.

Chimène

Tu vas mourir! Don Sanche est-il si redoutable
Qu'il donne l'épouvante à ce cœur indomptable?
1475 Qui t'a rendu si faible? ou qui le rend si fort?
Rodrigue va combattre, et se croit déjà mort!
Celui qui n'a pas craint les Maures, ni mon père,
Va combattre don Sanche, et déjà désespère!
Ainsi donc au besoin ton courage s'abat?

D. Rodrigue

1480 Je cours à mon supplice, et non pas au combat;
Et ma fidèle ardeur sait bien m'ôter l'envie,
Quand vous cherchez ma mort, de défendre ma vie.
 J'ai toujours même cœur; mais je n'ai point de bras
Quand il faut conserver ce qui ne vous plaît pas;
1485 Et déjà cette nuit m'aurait été mortelle,
Si j'eusse combattu pour ma seule querelle;
Mais défendant mon roi, son peuple et mon pays,
A me défendre mal je les aurais trahis.
Mon esprit généreux ne hait pas tant la vie,
1490 Qu'il en veuille sortir par une perfidie.
Maintenant qu'il s'agit de mon seul intérêt,
Vous demandez ma mort, j'en accepte l'arrêt,
Votre ressentiment choisit la main d'un autre
(Je ne méritais pas de mourir de la vôtre):
1495 On ne me verra point en repousser les coups;
Je dois plus de respect à qui combat pour vous,
Et ravi de penser que c'est de vous qu'ils viennent,
Puisque c'est votre honneur que ses armes soutiennent
Je vais lui présenter mon estomac ouvert,
1500 Adorant en sa main la vôtre qui me perd.

Chimène

Si d'un triste devoir la juste violence,
Qui me fait malgré moi poursuivre ta vaillance,
Prescrit à ton amour une si forte loi
Qu'il te rend sans défense à qui combat pour moi,
1505 En cet aveuglement ne perds pas la mémoire
Qu'ainsi que de ta vie il y va de ta gloire,
Et que, dans quelque éclat que Rodrigue ait vécu,
Quand on le saura mort, on le croira vaincu.
 Ton honneur t'est plus cher que je ne te suis chère,
1510 Puisqu'il trempe tes mains dans le sang de mon père,
Et te fait renoncer, malgré ta passion,
A l'espoir le plus doux de ma possession:

Je t'en vois cependant faire si peu de conte,
Que sans rendre combat tu veux qu'on te surmonte.
1515 Quelle inégalité ravale ta vertu ?
Pourquoi ne l'as-tu plus ? ou pourquoi l'avais-tu ?
Quoi ! n'es-tu généreux que pour me faire outrage ?
S'il ne faut m'offenser, n'as-tu point de courage ?
Et traites-tu mon père avec tant de rigueur,
1520 Qu'après l'avoir vaincu tu souffres un vainqueur ?
Va, sans vouloir mourir, laisse-moi te poursuivre,
Et défends ton honneur, si tu veux ne plus vivre.

D. RODRIGUE

Après la mort du comte, et les Maures défaits,
Faudrait-il à ma gloire encore d'autres effets ?
1525 Elle peut dédaigner le soin de me défendre ;
On sait que mon courage ose tout entreprendre,
Que ma valeur peut tout, et que dessous les cieux,
Auprès de mon honneur, rien ne m'est précieux.
Non, non, en ce combat, quoi que vous veuillez croire,
1530 Rodrigue peut mourir sans hasarder sa gloire,
Sans qu'on l'ose accuser d'avoir manqué de cœur,
Sans passer pour vaincu, sans souffrir un vainqueur.
On dira seulement : « Il adorait Chimène ;
Il n'a pas voulu vivre et mériter sa haine ;
1535 Il a cédé lui-même à la rigueur du sort
Qui forçait sa maîtresse à poursuivre sa mort :
Elle voulait sa tête ; et son cœur magnanime,
S'il l'en eût refusée, eût pensé faire un crime.
Pour venger son honneur il perdit son amour,
1540 Pour venger sa maîtresse il a quitté le jour,
Préférant (quelque espoir qu'eût son âme asservie)
Son honneur à Chimène, et Chimène à sa vie. »
Ainsi donc vous verrez ma mort en ce combat,
Loin d'obscurcir ma gloire, en rehausser l'éclat ;
1545 Et cet honneur suivra mon trépas volontaire,
Que tout autre que moi n'eût pu vous satisfaire.

CHIMÈNE

Puisque, pour t'empêcher de courir au trépas,
Ta vie et ton honneur sont de faibles appas,
Si jamais je t'aimai, cher Rodrigue, en revanche,
1550 Défends-toi maintenant pour m'ôter à don Sanche ;
Combats pour m'affranchir d'une condition
Qui me donne à l'objet de mon aversion.
Te dirai-je encor plus ? va, songe à ta défense,
Pour forcer mon devoir, pour m'imposer silence ;

1555 Et si tu sens pour moi ton cœur encore épris,
Sors vainqueur d'un combat dont Chimène est le prix.
Adieu : ce mot lâché me fait rougir de honte.

D. RODRIGUE

Est-il quelque ennemi qu'à présent je ne dompte ?
Paraissez, Navarrais, Maures et Castillans,
1560 Et tout ce que l'Espagne a nourri de vaillants ;
Unissez-vous ensemble, et faites une armée,
Pour combattre une main de la sorte animée :
Joignez tous vos efforts contre un espoir si doux ;
Pour en venir à bout, c'est trop peu que de vous.

SCÈNE II

L'INFANTE

1565 T'écouterai-je encor, respect de ma naissance,
    Qui fais un crime de mes feux ?
T'écouterai-je, amour, dont la douce puissance
Contre ce fier tyran fait révolter mes vœux ?
    Pauvre princesse, auquel des deux
1570   Dois-tu prêter obéissance ?
Rodrigue, ta valeur te rend digne de moi ;
Mais, pour être vaillant, tu n'es pas fils de roi.

Impitoyable sort, dont la rigueur sépare
    Ma gloire d'avec mes désirs,
1575 Est-il dit que le choix d'une vertu si rare
Coûte à ma passion de si grands déplaisirs ?
    O cieux ! à combien de soupirs
    Faut-il que mon cœur se prépare,
Si jamais il n'obtient sur un si long tourment
1580 Ni d'éteindre l'amour, ni d'accepter l'amant ?

Mais c'est trop de scrupule, et ma raison s'étonne
    Du mépris d'un si digne choix :
Bien qu'aux monarques seuls ma naissance me donne,
Rodrigue, avec honneur je vivrai sous tes lois.
1585   Après avoir vaincu deux rois,
    Pourrais-tu manquer de couronne ?
Et ce grand nom de Cid que tu viens de gagner
Ne fait-il pas trop voir sur qui tu dois régner ?

Il est digne de moi, mais il est à Chimène ;
1590   Le don que j'en ai fait me nuit.

Entre eux la mort d'un père a si peu mis de haine,
Que le devoir du sang à regret le poursuit :
   Ainsi n'espérons aucun fruit
   De son crime, ni de ma peine,
1595 Puisque pour me punir le destin a permis
Que l'amour dure même entre deux ennemis.

SCÈNE III

L'INFANTE, LÉONOR

L'Infante

Où viens-tu, Léonor?

Léonor

Vous applaudir, madame,
Sur le repos qu'enfin a retrouvé votre âme.

L'Infante

D'où viendrait ce repos dans un comble d'ennui?

Léonor

1600 Si l'amour vit d'espoir, et s'il meurt avec lui,
Rodrigue ne peut plus charmer votre courage.
Vous savez le combat où Chimène l'engage;
Puisqu'il faut qu'il y meure, ou qu'il soit son mari,
Votre espérance est morte, et votre esprit guéri.

L'Infante

1605 Ah! qu'il s'en faut encor!

Léonor

Que pouvez-vous prétendre?

L'Infante

Mais plutôt quel espoir me pourrais-tu défendre?
Si Rodrigue combat sous ces conditions,
Pour en rompre l'effet j'ai trop d'inventions.
L'amour, ce doux auteur de mes cruels supplices,
1610 Aux esprits des amants apprend trop d'artifices.

Léonor

Pourrez-vous quelque chose, après qu'un père mort

N'a pu dans leurs esprits allumer de discord ?
Car Chimène aisément montre, par sa conduite,
Que la haine aujourd'hui ne fait pas sa poursuite.
1615 Elle obtient un combat, et pour son combattant
C'est le premier offert qu'elle accepte à l'instant :
Elle n'a point recours à ces mains généreuses
Que tant d'exploits fameux rendent si glorieuses ;
Don Sanche lui suffit, et mérite son choix
1620 Parce qu'il va s'armer pour la première fois ;
Elle aime en ce duel son peu d'expérience ;
Comme il est sans renom, elle est sans défiance ;
Et sa facilité vous doit bien faire voir
Qu'elle cherche un combat qui force son devoir,
1625 Qui livre à son Rodrigue une victoire aisée,
Et l'autorise enfin à paraître apaisée.

L'Infante

Je le remarque assez, et toutefois mon cœur
A l'envi de Chimène adore ce vainqueur.
A quoi me résoudrai-je, amante infortunée ?

Léonor

1630 A vous mieux souvenir de qui vous êtes née ;
Le ciel vous doit un roi, vous aimez un sujet !

L'Infante

Mon inclination a bien changé d'objet.
Je n'aime plus Rodrigue, un simple gentilhomme ;
Non, ce n'est plus ainsi que mon amour le nomme ;
1635 Si j'aime, c'est l'auteur de tant de beaux exploits,
C'est le valeureux Cid, le maître de deux rois.
  Je me vaincrai pourtant, non de peur d'aucun blâme,
Mais pour ne troubler pas une si belle flamme ;
Et quand pour m'obliger on l'aurait couronné,
1640 Je ne veux point reprendre un bien que j'ai donné.
Puisqu'en un tel combat sa victoire est certaine,
Allons encore un coup le donner à Chimène.
Et toi, qui vois les traits dont mon cœur est percé,
Viens me voir achever comme j'ai commencé.

SCÈNE IV

CHIMÈNE, ELVIRE

Chimène

1645 Elvire, que je souffre ! et que je suis à plaindre !

Je ne sais qu'espérer ; et je vois tout à craindre ;
Aucun vœu ne m'échappe où j'ose consentir ;
Je ne souhaite rien sans un prompt repentir.
A deux rivaux pour moi je fais prendre les armes :
1650 Le plus heureux succès me coûtera des larmes ;
Et quoi qu'en ma faveur en ordonne le sort,
Mon père est sans vengeance, ou mon amant est mort.

Elvire

D'un et d'autre côté, je vous vois soulagée :
Ou vous avez Rodrigue, ou vous êtes vengée ;
1655 Et quoi que le destin puisse ordonner de vous,
Il soutient votre gloire, et vous donne un époux.

Chimène

Quoi ! l'objet de ma haine, ou de tant de colère !
L'assassin de Rodrigue, ou celui de mon père !
De tous les deux côtés on me donne un mari
1660 Encor tout teint du sang que j'ai le plus chéri ;
De tous les deux côtés mon âme se rebelle :
Je crains plus que la mort la fin de ma querelle.
Allez, vengeance, amour, qui troublez mes esprits,
Vous n'avez point pour moi de douceurs à ce prix ;
1665 Et toi, puissant moteur du destin qui m'outrage,
Termine ce combat sans aucun avantage,
Sans faire aucun des deux ni vaincu ni vainqueur.

Elvire

Ce serait vous traiter avec trop de rigueur.
Ce combat pour votre âme est un nouveau supplice,
1670 S'il vous laisse obligée à demander justice,
A témoigner toujours ce haut ressentiment,
Et poursuivre toujours la mort de votre amant.
Madame, il vaut bien mieux que sa rare vaillance,
Lui couronnant le front, vous impose silence ;
1675 Que la loi du combat étouffe vos soupirs,
Et que le roi vous force à suivre vos désirs.

Chimène

Quand il sera vainqueur, crois-tu que je me rende ?
Mon devoir est trop fort, et ma perte est trop grande ;
Et ce n'est pas assez, pour leur faire la loi,
1680 Que celle du combat et le vouloir du roi.
Il peut vaincre don Sanche avec fort peu de peine,
Mais non pas avec lui la gloire de Chimène ;

Et quoi qu'à sa victoire un monarque ait promis,
Mon honneur lui fera mille autres ennemis.

Elvire

1685 Gardez, pour vous punir de cet orgueil étrange,
Que le ciel à la fin ne souffre qu'on vous venge.
Quoi! vous voulez encor refuser le bonheur
De pouvoir maintenant vous taire avec honneur?
Que prétend ce devoir, et qu'est-ce qu'il espère?
1690 La mort de votre amant vous rendra-t-elle un père?
Est-ce trop peu pour vous que d'un coup de malheur?
Faut-il perte sur perte, et douleur sur douleur?
Allez, dans le caprice où votre humeur s'obstine,
Vous ne méritez pas l'amant qu'on vous destine;
1695 Et nous verrons du ciel l'équitable courroux
Vous laisser, par sa mort, don Sanche pour époux.

Chimène

Elvire, c'est assez des peines que j'endure,
Ne les redouble point de ce funeste augure.
Je veux, si je le puis, les éviter tous deux;
1700 Sinon, en ce combat Rodrigue a tous mes vœux :
Non qu'une folle ardeur de son côté me penche;
Mais, s'il était vaincu, je serais à don Sanche.
Cette appréhension fait naître mon souhait...
Que vois-je, malheureuse? Elvire, c'en est fait.

SCÈNE V

D. SANCHE, CHIMÈNE, ELVIRE

D. Sanche

1705 Obligé d'apporter à vos pieds cette épée...

Chimène

Quoi! du sang de Rodrigue encor toute trempée?
Perfide, oses-tu bien te montrer à mes yeux,
Après m'avoir ôté ce que j'aimais le mieux?
Éclate, mon amour, tu n'as plus rien à craindre :
1710 Mon père est satisfait, cesse de te contraindre;
Un même coup a mis ma gloire en sûreté,
Mon âme au désespoir, ma flamme en liberté.

D. Sanche

D'un esprit plus rassis...

Chimène

Tu me parles encore,
Exécrable assassin d'un héros que j'adore!
1715 Va, tu l'as pris en traître; un guerrier si vaillant
N'eût jamais succombé sous un tel assaillant.
N'espère rien de moi, tu ne m'as point servie!
En croyant me venger, tu m'as ôté la vie.

D. Sanche

Étrange impression, qui, loin de m'écouter...

Chimène

1720 Veux-tu que de sa mort je t'écoute vanter,
Que j'entende à loisir avec quelle insolence
Tu peindras son malheur, mon crime et ta vaillance?

SCÈNE VI

D. FERNAND, D. DIÈGUE, D. ARIAS, D. SANCHE,
D. ALONSE, CHIMÈNE, ELVIRE

Chimène

Sire, il n'est plus besoin de vous dissimuler
Ce que tous mes efforts ne vous ont pu celer.
1725 J'aimais, vous l'avez su; mais, pour venger mon père,
J'ai bien voulu proscrire une tête si chère:
Votre majesté, sire, elle-même a pu voir
Comme j'ai fait céder mon amour au devoir.
Enfin Rodrigue est mort, et sa mort m'a changée
1730 D'implacable ennemie en amante affligée.
J'ai dû cette vengeance à qui m'a mise au jour,
Et je dois maintenant ces pleurs à mon amour.
Don Sanche m'a perdue en prenant ma défense,
Et du bras qui me perd je suis la récompense!
1735 Sire, si la pitié peut émouvoir un roi,
De grâce, révoquez une si dure loi;
Pour prix d'une victoire où je perds ce que j'aime,
Je lui laisse mon bien; qu'il me laisse à moi-même;
Qu'en un cloître sacré je pleure incessamment,
1740 Jusqu'au dernier soupir, mon père et mon amant.

D. Diègue

Enfin elle aime, sire, et ne croit plus un crime

D'avouer par sa bouche un amour légitime.

D. FERNAND

Chimène, sors d'erreur, ton amant n'est pas mort,
Et don Sanche vaincu t'a fait un faux rapport.

D. SANCHE

1745 Sire, un peu trop d'ardeur, malgré moi l'a déçue :
Je venais du combat lui raconter l'issue.
Ce généreux guerrier, dont son cœur est charmé,
« Ne crains rien, m'a-t-il dit, quand il m'a désarmé :
Je laisserais plutôt la victoire incertaine,
1750 Que de répandre un sang hasardé pour Chimène ;
Mais puisque mon devoir m'appelle auprès du roi,
Va de notre combat l'entretenir pour moi,
De la part du vainqueur lui porter ton épée. »
Sire, j'y suis venu : cet objet l'a trompée ;
1755 Elle m'a cru vainqueur, me voyant de retour,
Et soudain sa colère a trahi son amour
Avec tant de transport et tant d'impatience,
Que je n'ai pu gagner un moment d'audience.
    Pour moi, bien que vaincu, je me répute heureux ;
1760 Et malgré l'intérêt de mon cœur amoureux,
Perdant infiniment j'aime encor ma défaite,
Qui fait le beau succès d'une amour si parfaite.

D. FERNAND

Ma fille, il ne faut point rougir d'un si beau feu,
Ni chercher les moyens d'en faire un désaveu ;
1765 Une louable honte en vain t'en sollicite ;
Ta gloire est dégagée, et ton devoir est quitte ;
Ton père est satisfait, et c'était le venger
Que mettre tant de fois ton Rodrigue en danger.
Tu vois comme le ciel autrement en dispose.
1770 Ayant tant fait pour lui, fais pour toi quelque chose,
Et ne sois point rebelle à mon commandement,
Qui te donne un époux aimé si chèrement.

SCÈNE VII

D. FERNAND, D. DIÈGUE, D. ARIAS, D. RODRIGUE,
D. ALONSE, D. SANCHE, L'INFANTE, CHIMÈNE,
LÉONOR, ELVIRE

L'INFANTE

Sèche tes pleurs, Chimène, et reçois sans tristesse

Ce généreux vainqueur des mains de ta princesse.

D. Rodrigue

1775 Ne vous offensez point, sire, si devant vous
Un respect amoureux me jette à ses genoux.
  Je ne viens point ici demander ma conquête :
Je viens tout de nouveau vous apporter ma tête,
Madame ; mon amour n'emploiera point pour moi
1780 Ni la loi du combat, ni le vouloir du roi.
Si tout ce qui s'est fait est trop peu pour un père,
Dites par quels moyens il vous faut satisfaire.
Faut-il combattre encor mille et mille rivaux,
Aux deux bouts de la terre étendre mes travaux,
1785 Forcer moi seul un camp, mettre en fuite une armée,
Des héros fabuleux passer la renommée ?
Si mon crime par là se peut enfin laver,
J'ose tout entreprendre, et puis tout achever :
Mais si ce fier honneur, toujours inexorable,
1790 Ne se peut apaiser sans la mort du coupable,
N'armez plus contre moi le pouvoir des humains :
Ma tête est à vos pieds, vengez-vous par vos mains ;
Vos mains seules ont droit de vaincre un invincible ;
Prenez une vengeance à tout autre impossible ;
1795 Mais du moins que ma mort suffise à me punir.
Ne me bannissez point de votre souvenir ;
Et, puisque mon trépas conserve votre gloire,
Pour vous en revanche conservez ma mémoire,
Et dites quelquefois, en déplorant mon sort :
1800 « S'il ne m'avait aimée, il ne serait pas mort. »

Chimène

  Relève-toi, Rodrigue. Il faut l'avouer, sire,
Je vous en ai trop dit pour m'en pouvoir dédire.
Rodrigue a des vertus que je ne puis haïr :
Et quand un roi commande, on lui doit obéir.
1805 Mais, à quoi que déjà vous m'ayez condamnée,
Pourrez-vous à vos yeux souffrir cet hyménée ?
Et quand de mon devoir vous voulez cet effort,
Toute votre justice en est-elle d'accord ?
Si Rodrigue à l'État devient si nécessaire,
1810 De ce qu'il fait pour vous dois-je être le salaire,
Et me livrer moi-même au reproche éternel
D'avoir trempé mes mains dans le sang paternel ?

D. Fernand

Le temps assez souvent a rendu légitime

Ce qui semblait d'abord ne se pouvoir sans crime.
1815 Rodrigue t'a gagnée, et tu dois être à lui.
Mais, quoique sa valeur t'ait conquise aujourd'hui,
Il faudrait que je fusse ennemi de ta gloire
Pour lui donner sitôt le prix de sa victoire.
Cet hymen différé ne rompt point une loi
1820 Qui, sans marquer de temps, lui destine ta foi.
Prends un an, si tu veux, pour essuyer tes larmes.
  Rodrigue, cependant il faut prendre les armes.
Après avoir vaincu les Maures sur nos bords,
Renversé leurs desseins, repoussé leurs efforts,
1825 Va jusqu'en leur pays leur reporter la guerre,
Commander mon armée et ravager leur terre.
A ce nom seul de Cid ils trembleront d'effroi ;
Ils t'ont nommé seigneur, et te voudront pour roi.
Mais parmi tes hauts faits sois-lui toujours fidèle ;
1830 Reviens-en, s'il se peut, encor plus digne d'elle ;
Et par tes grands exploits fais-toi si bien priser,
Qu'il lui soit glorieux alors de t'épouser.

D. RODRIGUE

Pour posséder Chimène, et pour votre service,
Que peut-on m'ordonner que mon bras n'accomplisse ?

Texte de 1637

1805 Sire, quelle apparence, à ce triste hyménée,
Qu'un même jour commence et finisse mon deuil,
Mette en mon lit Rodrigue et mon père au cercueil ?
C'est trop d'intelligence avec son homicide,
Vers ses mânes sacrés c'est me rendre perfide,
Et souiller mon honneur d'un reproche éternel.

1835 Quoi qu'absent de ses yeux il me faille endurer,
Sire, ce m'est trop d'heur de pouvoir espérer.

D. FERNAND

Espère en ton courage, espère en ma promesse ;
Et possédant déjà le cœur de ta maîtresse,
Pour vaincre un point d'honneur qui combat contre toi,
1840 Laisse faire le temps, ta vaillance et ton roi.

HORACE

Tragédie

A Mgr LE CARDINAL DUC DE RICHELIEU

Monseigneur,

Je n'aurais jamais eu la témérité de présenter à Votre Éminence ce mauvais portrait d'Horace, si je n'eusse considéré qu'après tant de bienfaits que j'ai reçus d'elle, le silence où mon respect m'a retenu jusqu'à présent passerait pour ingratitude, et que quelque juste défiance que j'aie de mon travail, je dois avoir encore plus de confiance en votre bonté. C'est d'elle que je tiens tout ce que je suis; et ce n'est pas sans rougir que, pour toute reconnaissance, je vous fais un présent si peu digne de vous, et si peu proportionné à ce que je vous dois. Mais, dans cette confusion, qui m'est commune avec tous ceux qui écrivent, j'ai cet avantage qu'on ne peut, sans quelque injustice, condamner mon choix, et que ce généreux Romain, que je mets aux pieds de Votre Éminence, eût pu paraître devant elle avec moins de honte, si les forces de l'artisan eussent répondu à la dignité de la matière; j'en ai pour garant l'auteur dont je l'ai tirée, qui commence à décrire cette fameuse histoire par ce glorieux éloge, « qu'il n'y a presque aucune chose plus noble dans toute l'antiquité ». Je voudrais que ce qu'il a dit de l'action se pût dire de la peinture que j'en ai faite, non pour en tirer plus de vanité, mais seulement pour vous offrir quelque chose un peu moins indigne de vous être offert. Le sujet était capable de plus de grâces s'il eût été traité d'une main plus savante; mais du moins il a reçu de la mienne toutes celles qu'elle était capable de lui donner, et qu'on pouvait raisonnablement attendre d'une muse de province, qui, n'étant pas assez heureuse pour jouir souvent des regards de Votre Éminence, n'a pas les mêmes lumières à se conduire qu'ont celles qui en sont continuellement éclairées. Et certes, Monseigneur, ce changement visible qu'on remarque en mes ouvrages depuis que j'ai l'honneur d'être à Votre Éminence, qu'est-ce autre chose qu'un effet des grandes idées qu'elle m'inspire quand elle daigne souffrir que je lui rende mes devoirs? et à quoi peut-on attribuer ce qui s'y mêle de mauvais, qu'aux teintures grossières que je reprends quand je demeure abandonné à ma propre faiblesse? Il faut, Monseigneur, que tous ceux qui donnent leurs veilles au ceux qui donnent leurs veilles au théâtre publient hautement avec moi que nous vous avons deux obligations très signalées : l'une, d'avoir ennobli le but de l'art ; l'autre, de nous en avoir facilité les connaissances. Vous avez ennobli le but de l'art, puisque, au lieu de celui de plaire au peuple que nous prescrivent nos maîtres, et dont les deux plus honnêtes gens de leur siècle, Scipion et Lélie, ont autrefois protesté de se contenter, vous nous avez donné celui de vous plaire et de vous divertir ; et qu'ainsi nous ne rendons pas un petit service à l'État, puisque, contribuant à vos divertissements, nous contribuons à l'entretien d'une santé qui lui est si précieuse et si nécessaire. Vous nous en avez facilité les connaissances, puisque nous n'avons plus besoin d'autre étude pour les acquérir que d'attacher nos yeux sur Votre Éminence quand elle honore de sa présence et de son attention le récit de nos poèmes. C'est là que, lisant sur son visage ce qui lui plaît et ce qui ne lui plaît pas, nous nous instruisions avec certitude de ce qui est bon et de ce qui est mauvais, et tirons des règles infaillibles de ce qu'il faut suivre et de ce qu'il faut éviter : c'est là que j'ai souvent appris en deux heures ce que mes livres n'eussent pu m'apprendre en dix ans ; c'est là que j'ai puisé ce qui m'a valu l'applaudissement du public ; et c'est là qu'avec votre faveur j'espère puiser assez pour être un jour une œuvre digne de vos mains. Ne trouvez donc pas mauvais, Monseigneur, que pour vous remercier de ce que j'ai de réputation, dont je vous suis entièrement redevable, j'emprunte quatre vers d'un autre Horace que celui que je vous présente, et que je vous exprime par eux les plus véritables sentiments de mon âme :

> *Totum muneris hoc tui est,*
> *Quod monstror digito prœtereuntium*
> *Scenœ non levis artifex :*
> *Quod spiro et placeo, si placeo, tuum est*[3].

Je n'ajouterai qu'une vérité à celle-ci, en vous suppliant de croire que je suis et serai toute ma vie très passionnément,

Monseigneur,
De Votre Éminence,
Le très humble, très obéissant
Et très fidèle serviteur,
CORNEILLE

TITUS LIVIUS

(XXIII) ... Bellum utrinque summa ope parabatur, civili simillimum bello, prope inter parentes natosque, Trojanam utramque prolem, quum Lavinium ab Troja, ab Lavinio Alba, ab Albanorum stirpe regum oriundi Romani essent. Eventus tamen belli minus miserabilem dimicationem fecit, quod nec acie certatum est, et tectis modo dirutis alterius urbis, duo populi in unum confusi sunt. Albani priores ingenti exercitu in agrum romanum impetum fecere. Castra ab urbe haud plus quinque millia passuum locant, fossa circumdant : fossa Cluilia ab nomine ducis per aliquot secula appellata est, donec cum re nomen quoque vetustate abolevit. In his castris Cluilius albanus rex moritur; dictatorem Albani Metium Suffetium creant. Interim Tullus ferox, præcipue morte regis, magnum que Deorum numen, ab ipso capite orsum, in omne nomen albanum expetiturum pœnas ob bellum impium dictitans, nocte, præteritis hostium castris, infesto exercitu in agrum albanum pergit. Ea res ab stativis excivit Metium; ducit quam proxime ad hostem potest; inde legatum præmissum nuntiare Tullo jubet, priusquam dimicent, opus esse colloquio : si secum congressus sit, satis scire ea se allaturum, quæ nihilo minus ad rem romanam, quam ad albanam pertineant. Haud aspernatus Tullus, tametsi vana afferrentur; suos in aciem educit; exeunt contra et Albani. Postquam instructi utrinque stabant, cum paucis procerum in medium duces procedunt. Ibi infit Albanus injurias, et non redditas res ex fœdere quæ repetitæ sint, et : « Ego regem nostrum Cluilium causam hujusce esse belli audisse videor, nec te dubito, Tulle, eadem præ te ferre. Sed si vera potius quam dictu speciosa dicenda sunt, cupido imperii duos cognatos vicinosque populos ad arma stimulat; neque recte an perperam interpretor : fuerit ista ejus deliberatio qui bellum suscepit; me Albani gerendo bello ducem creavere. Illud te, Tulle, monitum velim : estrusca res quanta circa nos teque maxime sit, quo propior es Volscis, hoc magis scis; multum illi terra, plurimum mari pollent. Memor esto, jam quum signum pugnæ dabis, has duas acies spectaculo fore, ut fessos confectosque, simul victorem ac ac victum aggrediantur. Itaque, si nos Dii amant, quoniam non contenti libertate certa, in dubiam imperii servitiique aleam imus, ineamus aliquam viam, qua utri imperent, sine magna clade, sine multo sanguine utriusque populi decerni possit. » Haud displicet res Tullo, quamquam tum indole animi, tum spe victoriæ ferocior erat. Quærentibus utrinque ratio initur, cui et fortuna ipsa præbuit materiam.

(XXIV) Forte in duobus tum exercitibus erant tergemini fratres, nec ætate, nec viribus dispares. Horatios Curiatiosque fuisse satis constat, NEC FERME RES ANTIQUA ALIA EST NOBILIOR; tamen in re tam clara nominum error manet, utrius populi Horatii, utrius Curiatii fuerint. Auctores utroque trahunt; plures tamen invenio, qui Romanos Horatios vocent : hos ut sequar, inclinat animus. Cum tergeminis agunt reges, ut pro sua quisque patria dimicent ferro : ibi imperium fore, unde victoria fuerit. Nihil recusatur, tempus et locus convenit. Priusquam dimicarent fœdus ictum inter Romanos et Albanos est his legibus : ut cujus populi cives eo certamine vicissent, is alteri populo cum bona pace imperitaret...

(XXV) Fœdere icto, tergemini, sicut convenerat, arma capiunt. Quum sui utrosque adhortarentur, Deos patrios, patriam ac parentes, quidquid civium domi, quidquid in exercitu sit, illorum tunc arma, illorum intueri manus, feroces et suopte ingenio, et pleni adhortantium vocibus, in medium inter duas acies procedunt. Consederant utrinque pro castris duo exercitus, periculi magis præsentis, quam curæ expertes : quippe imperium agebatur, in tam paucorum virtute atque fortuna positum. Itaque erecti suspensique in minime gratum spectaculum animo intenduntur. Datur signum ; infestisque armis, velut acies, terni juvenes magnorum exercituum animos gerentes concurrunt. Nec his, nec illis periculum suum, sed publicum imperium servitiumque observatur animo, futuraque ea deinde patriæ fortuna, quam ipsi fecissent. Ut primo statim concursu increpuere arma, micantesque fulsere gladii, horror ingens spectantes perstringit, et neutro inclinata spe, torpebat vox spiritusque. Consertis deinde manibus, quum jam non motus tantum corporum, agitatioque anceps telorum armorumque, sed vulnera quoque et sanguis spectaculo essent, duo Romani, super alium alius, vulneratis tribus Albanis, exspirantes corruerunt. Ad quorum casum quum clamasset gaudio albanus exercitus, romanas legiones jam spes tota, nondum tamen cura deseruerat, exanimes vice unius, quem tres Curiatii circumsteterant. Forte is integer fuit, ut universis solus nequaquam par, sic adversus singulos ferox. Ergo ut segregaret pugnam eorum, capessit fugam, ita ratus secuturos, ut quemque vulnere affectum corpus sineret. Jam aliquantum spatii ex eo loco ubi pugnatum est aufugerat, quum respiciens videt magnis intervallis sequentes, unum haud procul ab sese abesse. In eum magno impetu rediit ; et dum albanus exercitus inclamat Curiatiis, uti opem ferant fratri, jam Horatius, cæso hoste victor, secundam pugnam petebat. Tunc clamore, qualis ex insperato faventium solet, Romani adjuvant militem suum ; et ille defungi prœlio festinat. Prius itaque quam alter, qui nec procul aberat, consequi posset, et alterum Curiatium conficit. Jamque æquato Marte singuli supererant, sed nec spe, nec viribus pares : alterum intactum ferro corpus, et geminata victoria ferocem in certamen tertium dabant ; alter fessum vulnere, fessum cursu trahens corpus, victusque fratrum ante se strage, victori objicitur hosti. Nec illud prœlium fuit. Romanus exsultans : « Duos, inquit, fratrum manibus dedi : tertium causæ belli hujusce, ut

Romanus Albano imperet, dabo. » Male sustinenti ama gladium superne jugulo defigit, jacentem spoliat. Romani ovantes ac gratulantes Horatium accipiunt : eo majore cum gaudio, quo propius metum res fuerat. Ad sepulturam inde suorum nequaquam paribus animis vertuntur : quippe imperio alteri aucti, alteri ditionis alienæ facti. Sepulcra exstant, quo quisque loco cecidit : duo romana uno loco propius Albam, tria albana Romam versus; sed distantia locis, et ut pugnatum est.

(XXVI) Priusquam inde digrederentur, roganti Metio ex fœdere icto quid imperaret, imperat Tullus uti juventutem in armis habeat : usurum se eorum opera, si bellum cum Veïentibus foret. Ita exercitus inde domos abducti. Princeps Horatius ibat, tergemina spolia præ se gerens, cui soror virgo, quæ desponsata uni ex Curiatiis fuerat, obviam ante portam Capenam fuit; cognitoque super humeros fratis paludamento sponsi, quod ipsa confecerat, solvit crines, et flebiliter nomine sponsum mortuum appellat. Movet feroci juveni animum comploratio sororis in victoria sua tantoque gaudio publico. Stricto itaque gladio, simul verbis increpans, transfigit puellam. « Abi hinc cum immaturo amore ad sponsum, inquit, oblita fratrum mortuorum vivique, oblita patriæ. Sic eat quæcumque Romana lugebit hostem. » Atrox visum id facinus patribus plebique, sed recens meritum facto obstabat : tamen raptus in jus ad Regem. Rex, ne ipse tam tristis ingratique ad vulgus judicii, aut secundum judicium supplicii auctor esset, concilio populi advocato : « Duumviros, inquit, qui Horatio perduellionem judicent secundum legem, facio. » Lex horrendi carminis erat : « Duumviri perduellionem judicent. Si a duumviris provocarit, provocatione certato; si vincent, caput obnubito, infelici arbori reste suspendito, verberato, vel intra pomœrium, vel extra pomœrium. » Hac lege duumviri creati, qui se absolvere non rebantur ea lege, ne innoxium quidem, posse. Quum condemnassent, tum alter ex his : « P. Horati, tibi perduellionem judico, inquit. I, lictor, colliga manus. » Accesserat lictor, injiciebatque laqueum : tum Horatius, auctore Tullo clemente legis interprete : « Provoco », inquit. Ita de provocatione certatum ad populum est. Moti homines sunt in eo judicio, maxime P. Horatio patre proclamante se filiam jure cæsam judicare : ni ita esset, patrio jure in filium animadversurum fuisse. Orabat deinde, ne se, quem paulo ante cum egregia stirpe conspexissent, orbum liberis facerent. Inter hæc senex, juvenem amplexus, spolia Curiatiorum fixa eo loco, qui nunc Pila Horatia appellatur, ostentans : « Hunccine, aiebat, quem modo decoratum ovantemque victoria incedentem vidistis, Quirites, eum sub furca vinctum inter verbera et cruciatus videre potestis? quod vix Albanorum oculi tam deforme spectaculum ferre possent. I, lictor, colliga manus, quæ paulo ante armatæ imperium populo romano pepererunt. I, caput obnube liberatoris urbis hujus; arbori infelici suspende; verbera, vel intra pomœrium, modo inter illam pilam et spolia hostium, vel extra pomœrium, modo inter sepulcra Curiatiorum. Quo enim ducere hunc juvenem potestis, ubi non sua decora eum a tanta fœditate supplicii vindicent? » Non tulit populus nec patris lacrimas, nec ipsius parem in omni periculo animum; absolveruntque admiratione magis virtutis quam jure causæ. Itaque, ut cædes manifesta aliquo tamen piaculo lueretur, imperatum patri, ut filium expiaret pecunia publica. Is, quibusdam piacularibus sacrificiis factis, quæ deinde genti Horatiæ tradita sunt, transmisso per viam tigillo, capite adoperto, velut sub jugum misit juvenem. Id hodie quoque publice semper refectum manet : sororium tigillum vocant. Horatiæ sepulcrum, quo loco corruerat icta, constructum est saxo quadrato.

EXAMEN (1660)

C'est une croyance assez générale que cette pièce pourrait passer pour la plus belle des miennes, si les derniers actes répondaient aux premiers. Tous veulent que la mort de Camille en gâte la fin, et j'en demeure d'accord; mais je ne sais si tous en savent la raison. On l'attribue communément à ce qu'on voit cette mort sur la scène; ce qui serait plutôt la faute de l'actrice que la mienne, parce que, quand elle voit son frère mettre l'épée à la main, la frayeur, si naturelle au sexe, lui doit faire prendre la fuite, et recevoir le coup derrière le théâtre, comme je le marque dans cette impression. D'ailleurs, si c'est une règle de ne le point ensanglanter, elle n'est pas du temps d'Aristote, qui nous apprend que pour émouvoir puissamment il faut de grands déplaisirs, des blessures et des morts en spectacle. Horace ne veut pas que nous y hasardions les événements trop dénaturés, comme de Médée qui tue ses enfants; mais je ne vois pas qu'il en fasse une règle générale pour toutes sortes de morts, ni que l'emportement d'un homme passionné pour sa patrie contre une sœur qui la maudit en sa présence avec des imprécations horribles, soit de même nature que la cruauté de cette mère. Sénèque l'expose aux yeux du peuple, en dépit d'Horace; et, chez Sophocle, Ajax ne se cache point au spectateur lorsqu'il se tue. L'adoucissement que j'apporte dans le second de ces discours pour rectifier la mort de Clytemnestre ne peut être propre ici à celle de Camille. Quand elle s'enfermerait d'elle-même par désespoir en voyant son frère l'épée à la main, ce frère ne laisserait pas d'être criminel de l'avoir tirée contre elle, puisqu'il n'y a point de troisième personne sur le théâtre à qui il pût adresser le coup qu'elle recevrait, comme peut faire Oreste à Egisthe. D'ailleurs, l'histoire est trop connue pour retrancher le péril qu'il court d'une mort infâme après l'avoir tuée ; et la défense que lui prête son père pour obtenir sa grâce n'aurait plus de lieu, s'il demeurait innocent. Quoi qu'il en soit, voyons si cette action n'a pu causer la chute de ce poème que par là, et si elle n'a point d'autre irrégularité que de blesser les yeux.

Comme je n'ai point accoutumé de dissimuler mes défauts, j'en trouve ici deux ou trois assez considérables. Le premier est que cette action, qui devient la principale de la pièce, est momentanée, et n'a point cette juste grandeur que lui demande Aristote, et qui consiste en un commencement, un milieu et une fin. Elle surprend tout d'un coup ; et toute la préparation que j'y ai donnée par la peinture de la vertu farouche d'Horace, et par la défense qu'il fait à sa sœur de regretter qui que ce soit de lui ou de son amant qui meure au combat, n'est point suffisante pour faire attendre un emportement si extraordinaire, et servir de commencement à cette action.

Le second défaut est que cette mort fait une action double par le second péril où tombe Horace après être sorti du premier. L'unité de péril d'un héros dans la tragédie fait l'unité d'action ; et quand il en est garanti, la pièce est finie, si ce n'est que la sortie même de ce péril l'engage si nécessairement dans un autre, que la liaison et la continuité des deux n'en fassent qu'une action ; ce qui n'arrive point ici, où Horace revient triomphant sans aucun besoin de tuer sa sœur, ni même de parler à elle ; et l'action serait suffisamment terminée à sa victoire. Cette chute d'un péril en l'autre, sans nécessité, fait ici un effet d'autant plus mauvais, que d'un péril public, où il y va de tout l'État, il tombe en un péril particulier, où il n'y va que de sa vie ; et, pour dire encore plus, d'un péril illustre, où il ne peut succomber que glorieusement, en un péril infâme, dont il ne peut sortir sans tache. Ajoutez, pour troisième imperfection, que Camille, qui ne tient que le second rang dans les trois premiers actes, et y laisse le premier à Sabine, prend le premier en ces deux derniers, où cette Sabine n'est plus considérable ; et qu'ainsi, s'il y a égalité dans les mœurs, il n'y en a point dans la dignité des personnages, où se doit étendre ce précepte d'Horace :

Servetur ad imum
Qualis ab incepto processerit, et sibi constet.

Ce défaut en Rodelinde a été une des principales causes du mauvais succès de *Pertharite*, et je n'ai point encore vu sur nos théâtres cette inégalité de rang en un même acteur, qui n'ait produit un très méchant effet. Il serait bon d'en établir une règle inviolable.

Du côté du temps, l'action n'est point trop pressée, et n'a rien qui ne me semble vraisemblable. Pour le lieu, bien que l'unité y soit exacte, elle n'est pas sans quelque contrainte. Il est constant qu'Horace et Curiace n'ont point de raison de se séparer du reste de la famille pour commencer le second acte ; et c'est une adresse de théâtre de n'en donner aucune, quand on n'en peut donner de bonnes. L'attachement de l'auditeur à l'action présente souvent ne lui permet pas de descendre à l'examen sévère de cette justesse, et ce n'est pas un crime que de s'en prévaloir pour l'éblouir, quand il est malaisé de le satisfaire.

Le personnage de Sabine est assez heureusement inventé, et trouve sa vraisemblance aisée dans le rapport à l'histoire, qui marque assez d'amitié et d'égalité entre les deux familles pour avoir pu faire cette double alliance.

Elle ne sert pas davantage à l'action que l'Infante à celle du *Cid*, et ne fait que se laisser toucher diversement, comme elle, à la diversité des événements. Néanmoins on a généralement approuvé celle-ci, et condamné l'autre. J'en ai cherché la raison, et j'en ai trouvé deux : l'une est la liaison des scènes, qui semble, s'il m'est permis de parler ainsi, incorporer Sabine dans cette pièce, au lieu que, dans *Le Cid*, toutes celles de l'Infante sont détachées, et paraissent hors œuvre :

Tantum series juncturaque pollet.

L'autre, qu'ayant une fois posé Sabine pour femme d'Horace, il est nécessaire que tous les incidents de ce poème lui donnent les sentiments qu'elle en témoigne avoir, par l'obligation qu'elle a de prendre intérêt à ce qui regarde son mari et ses frères ; mais l'Infante n'est point obligée d'en prendre aucun en ce qui touche le Cid ; et si elle a quelque inclination secrète pour lui, il n'est point besoin qu'elle en fasse rien paraître, puisqu'elle ne produit aucun effet.

L'oracle qui est proposé au premier acte trouve son vrai sens à la conclusion du cinquième. Il semble clair d'abord, et porte l'imagination à un sens contraire ; et je les aimerais mieux de cette sorte sur nos théâtres, que ceux qu'on fait entièrement obscurs, parce que la surprise de leur véritable effet en est plus belle. J'en ai usé ainsi encore dans l'*Andromède* et dans l'*Œdipe*. Je ne dis pas la même chose des songes, qui peuvent faire encore un grand ornement dans la protase, pourvu qu'on ne s'en serve pas souvent. Je voudrais qu'ils eussent l'idée de la fin véritable de la pièce, mais avec quelque confusion qui n'en permît pas l'intelligence entière. C'est ainsi que je m'en suis servi deux fois, ici et dans *Polyeucte*, mais avec plus d'éclat et d'artifice dans ce dernier poème, où il marque toutes les particularités de l'événement, qu'en celui-ci, où il ne fait qu'exprimer une ébauche tout à fait informe de ce qui doit arriver de funeste.

Il passe pour constant que le second acte est un des plus pathétiques qui soient sur la scène, et le troisième un des plus artificieux. Il est soutenu de la seule narration de la moitié du combat des trois frères, qui est coupée très heureusement pour laisser Horace le père dans la colère et le déplaisir, et lui donner ensuite un beau retour à la joie dans le quatrième. Il a été à propos, pour le jeter dans cette erreur, de se servir de l'impatience d'une femme qui suit brusquement sa première idée, et présume le combat achevé, parce qu'elle a vu deux des Horaces par terre, et le troisième en fuite. Un homme, qui doit être plus posé et plus judicieux, n'eût pas été propre à donner cette fausse alarme; il eût dû prendre plus de patience, afin d'avoir plus de certitude de l'événement, et n'eût pas été excusable de se laisser emporter si légèrement, par les apparences, à présumer le mauvais succès d'un combat dont il n'eût pas vu la fin.

Bien que le roi n'y paraisse qu'au cinquième, il y est mieux dans sa dignité que dans *Le Cid*, parce qu'il a intérêt pour tout son État dans le reste de la pièce; et bien qu'il n'y parle point, il ne laisse pas d'y agir comme roi. Il vient aussi dans ce cinquième comme roi qui veut honorer par cette visite un père dont les fils lui ont conservé sa couronne, et acquis celle d'Albe au prix de leur sang. S'il y fait l'office de juge, ce n'est que par accident; et il le fait dans ce logis même d'Horace, par la seule contrainte qu'impose la règle de l'unité de lieu. Tout ce cinquième est encore une des causes du peu de satisfaction que laisse cette tragédie : il est tout en plaidoyers, et ce n'est pas là la place des harangues ni des longs discours : ils peuvent être supportés en un commencement de pièce, où l'action n'est pas encore échauffée; mais le cinquième acte doit plus agir que discourir. L'attention de l'auditeur, déjà lassée, se rebute de ces conclusions qui traînent et tirent la fin en longueur.

Quelques-uns ne veulent pas que Valère y soit un digne accusateur d'Horace, parce que dans la pièce il n'a pas fait voir assez de passion pour Camille; à quoi je réponds que ce n'est pas à dire qu'il n'en eût une très forte, mais qu'un amant mal voulu ne pouvait se montrer de bonne grâce à sa maîtresse dans le jour qui la rejoignait à un amant aimé. Il n'y avait point de place pour lui au premier acte, et encore moins au second; il fallait qu'il tînt son rang à l'armée pendant le troisième; et il se montre au quatrième, sitôt que la mort de son rival fait quelque ouverture à son espérance : il tâche à gagner les bonnes grâces du père par la commission qu'il prend du roi de lui apporter les glorieuses nouvelles de l'honneur que ce prince lui veut faire; et, par occasion, il lui apprend la victoire de son fils, qu'il ignorait. Il ne manque pas d'amour durant les trois premiers actes, mais d'un temps propre à le témoigner; et, dès la première scène de la pièce, il paraît bien qu'il rendait assez de soins à Camille, puisque Sabine s'en alarme pour son frère. S'il ne prend pas le procédé de France, il faut considérer qu'il est Romain, et dans Rome, où il n'aurait pu entreprendre un duel contre un autre Romain sans faire un crime d'État, et que j'en aurais fait un de théâtre, si j'avais habillé un Romain à la française.

ACTEURS

TULLE, roi de Rome.
LE VIEIL HORACE, chevalier romain.
HORACE, son fils.
CURIACE, gentilhomme d'Albe, amant de Camille.
VALÈRE, chevalier romain, amoureux de Camille.
SABINE, femme d'Horace, et sœur de Curiace.
CAMILLE, amante de Curiace, et sœur d'Horace.
JULIE, dame romaine, confidente de Sabine et de Camille.
FLAVIAN, soldat de l'armée d'Albe.
PROCULE, soldat de l'armée de Rome.

La scène est à Rome, dans une salle de la maison d'Horace.

ACTE PREMIER

SCÈNE PREMIÈRE

SABINE, JULIE

Sabine

Approuvez ma faiblesse, et souffrez ma douleur;
Elle n'est que trop juste en un si grand malheur :
Si près de voir sur soi fondre de tels orages,
L'ébranlement sied bien aux plus fermes courages;
5 Et l'esprit le plus mâle et le moins abattu
Ne saurait sans désordre exercer sa vertu.
Quoique le mien s'étonne à ces rudes alarmes,
Le trouble de mon cœur ne peut rien sur mes larmes,
Et, parmi les soupirs qu'il pousse vers les cieux,
10 Ma constance du moins règne encor sur mes yeux :
Quand on arrête là les déplaisirs d'une âme,
Si l'on fait moins qu'un homme, on fait plus qu'une femme;
Commander à ses pleurs en cette extrémité,
C'est montrer pour le sexe assez de fermeté.

Julie

15 C'en est peut-être assez pour une âme commune,
Qui du moindre péril se fait une infortune;
Mais de cette faiblesse un grand cœur est honteux;
Il ose espérer tout dans un succès douteux.
Les deux camps sont rangés au pied de nos murailles;
20 Mais Rome ignore encor comme on perd des batailles.
Loin de trembler pour elle, il lui faut applaudir :
Puisqu'elle va combattre, elle va s'agrandir.
Bannissez, bannissez une frayeur si vaine,
Et concevez des vœux dignes d'une Romaine.

Sabine

25 Je suis Romaine, hélas! puisqu'Horace est Romain;
J'en ai reçu le titre en recevant sa main;

Mais ce nœud me tiendrait en esclave enchaînée,
S'il m'empêchait de voir en quels lieux je suis née.
Albe, où j'ai commencé de respirer le jour,
30 Albe, mon cher pays, et mon premier amour,
Lorsqu'entre nous et toi je vois la guerre ouverte,
Je crains notre victoire autant que notre perte.
   Rome, si tu te plains que c'est là te trahir,
Fais-toi des ennemis que je puisse haïr.
35 Quand je vois de tes murs leur armée et la nôtre,
Mes trois frères dans l'une et mon mari dans l'autre,
Puis-je former des vœux, et sans impiété
Importuner le ciel pour ta félicité?
Je sais que ton État, encore en sa naissance,
40 Ne saurait, sans la guerre, affermir sa puissance;
Je sais qu'il doit s'accroître, et que tes grands destins
Ne le borneront pas chez les peuples latins;
Que les dieux t'ont promis l'empire de la terre,
Et que tu n'en peux voir l'effet que par la guerre :
45 Bien loin de m'opposer à cette noble ardeur
Qui suit l'arrêt des dieux et court à ta grandeur,
Je voudrais déjà voir tes troupes couronnées,
D'un pas victorieux franchir les Pyrénées.
Va jusqu'en l'Orient pousser tes bataillons;
50 Va sur les bords du Rhin planter tes pavillons :
Fais trembler sous tes pas les colonnes d'Hercule;
Mais respecte une ville à qui tu dois Romule.
Ingrate, souviens-toi que du sang de ses rois
Tu tiens ton nom, tes murs, et tes premières lois.
55 Albe est ton origine; arrête, et considère
Que tu portes le fer dans le sein de ta mère.
Tourne ailleurs les efforts de tes bras triomphants;
Sa joie éclatera dans l'heur de ses enfants;
Et, se laissant ravir à l'amour maternelle,
60 Ses vœux seront pour toi, si tu n'es plus contre elle.

JULIE

Ce discours me surprend, vu que depuis le temps
Qu'on a contre son peuple armé nos combattants,
Je vous ai vu pour elle autant d'indifférence
Que si d'un sang romain vous aviez pris naissance.
65 J'admirais la vertu qui réduisait en vous
Vos plus chers intérêts à ceux de votre époux;
Et je vous consolais au milieu de vos plaintes,
Comme si notre Rome eût fait toutes vos craintes.

SABINE

Tant qu'on ne s'est choqué qu'en de légers combats,

70 Trop faibles pour jeter un des partis à bas,
Tant qu'un espoir de paix a pu flatter ma peine,
Oui, j'ai fait vanité d'être toute Romaine.
Si j'ai vu Rome heureuse avec quelque regret,
Soudain j'ai condamné ce mouvement secret;
75 Et si j'ai ressenti, dans ses destins contraires,
Quelque maligne joie en faveur de mes frères,
Soudain, pour l'étouffer rappelant ma raison,
J'ai pleuré quand la gloire entrait dans leur maison.
Mais aujourd'hui qu'il faut que l'une ou l'autre tombe,
80 Qu'Albe devienne esclave, ou que Rome succombe,
Et qu'après la bataille il ne demeure plus
Ni d'obstacle aux vainqueurs, ni d'espoir aux vaincus,
J'aurais pour mon pays une cruelle haine,
Si je pouvais encore être toute Romaine,
85 Et si je demandais votre triomphe aux dieux,
Au prix de tant de sang qui m'est si précieux.
Je m'attache un peu moins aux intérêts d'un homme :
Je ne suis point pour Albe, et ne suis plus pour Rome;
Je crains pour l'une et l'autre en ce dernier effort,
90 Et serai du parti qu'affligera le sort.
Égale à tous les deux jusques à la victoire,
Je prendrai part aux maux sans en prendre à la gloire;
Et je garde, au milieu de tant d'âpres rigueurs,
Mes larmes aux vaincus, et ma haine aux vainqueurs.

JULIE

95 Qu'on voit naître souvent de pareilles traverses,
En des esprits divers, des passions diverses!
Et qu'à nos yeux Camille agit bien autrement!
Son frère est votre époux, le vôtre est son amant :
Mais elle voit d'un œil bien différent du vôtre
100 Son sang dans une armée, et son amour dans l'autre.
Lorsque vous conserviez un esprit tout romain,
Le sien irrésolu, le sien tout incertain,
De la moindre mêlée appréhendait l'orage,
De tous les deux partis détestait l'avantage,
105 Au malheur des vaincus donnait toujours ses pleurs,
Et nourrissait ainsi d'éternelles douleurs.
Mais hier, quand elle sut qu'on avait pris journée,
Et qu'enfin la bataille allait être donnée,
Une soudaine joie éclatant sur son front...

SABINE

110 Ah! que je crains, Julie, un changement si prompt!
Hier dans sa belle humeur elle entretint Valère;

Pour ce rival, sans doute, elle quitte mon frère;
Son esprit, ébranlé par les objets présents,
Ne trouve point d'absent aimable après deux ans.
115 Mais excusez l'ardeur d'une amour fraternelle;
Le soin que j'ai de lui me fait craindre tout d'elle :
Je forme des soupçons d'un trop léger sujet :
Près d'un jour si funeste on change peu d'objet.
Les âmes rarement sont de nouveau blessées,
120 Et dans un si grand trouble on a d'autres pensées;
Mais on n'a pas aussi de si doux entretiens,
Ni de contentements qui soient pareils aux siens.

Julie

Les causes, comme à vous, m'en semblent fort obscures.
Je ne me satisfais d'aucunes conjectures.
125 C'est assez de constance en un si grand danger
Que de le voir, l'attendre, et ne point s'affliger;
Mais certes c'en est trop d'aller jusqu'à la joie.

Sabine

Voyez qu'un bon génie à propos nous l'envoie.
Essayez sur ce point à la faire parler;
130 Elle vous aime assez pour ne vous rien celer.
Je vous laisse. Ma sœur, entretenez Julie :
J'ai honte de montrer tant de mélancolie,
Et mon cœur, accablé de mille déplaisirs,
Cherche la solitude à cacher ses soupirs.

SCÈNE II

CAMILLE, JULIE

Camille

135 Qu'elle a tort de vouloir que je vous entretienne!
Croit-elle ma douleur moins vive que la sienne
Et que, plus insensible à de si grands malheurs,
A mes tristes discours je mêle moins de pleurs?
De pareilles frayeurs mon âme est alarmée;
140 Comme elle je perdrai dans l'une et l'autre armée :
Je verrai mon amant, mon plus unique bien,
Mourir pour son pays, ou détruire le mien;
Et cet objet d'amour devenir, pour ma peine,
Digne de mes soupirs, ou digne de ma haine.
145 Hélas!

Julie

Elle est pourtant plus à plaindre que vous.
On peut changer d'amant, mais non changer d'époux.
Oubliez Curiace, et recevez Valère ;
Vous ne tremblerez plus pour le parti contraire,
Vous serez toute nôtre, et votre esprit remis
150 N'aura plus rien à perdre au camp des ennemis.

Camille

Donnez-moi des conseils qui soient plus légitimes,
Et plaignez mes malheurs sans m'ordonner des crimes,
Quoiqu'à peine à mes maux je puisse résister,
J'aime mieux les souffrir que de les mériter.

Julie

155 Quoi ! vous appelez crime un change raisonnable ?

Camille

Quoi ! le manque de foi vous semble pardonnable ?

Julie

Envers un ennemi qui peut nous obliger ?

Camille

D'un serment solennel qui peut nous dégager ?

Julie

Vous déguisez en vain une chose trop claire :
160 Je vous vis encore hier entretenir Valère,
Et l'accueil gracieux qu'il recevait de vous
Lui permet de nourrir un espoir assez doux.

Camille

Si je l'entretins hier et lui fis bon visage,
N'en imaginez rien qu'à son désavantage ;
165 De mon contentement un autre était l'objet.
Mais pour sortir d'erreur sachez-en le sujet :
Je garde à Curiace une amitié trop pure
Pour souffrir plus longtemps qu'on m'estime parjure.
 Il vous souvient qu'à peine on voyait de sa sœur
170 Par un heureux hymen mon frère possesseur,
Quand, pour comble de joie, il obtint de mon père
Que de ses chastes feux je serais le salaire.

Ce jour nous fut propice et funeste à la fois :
Unissant nos maisons, il désunit nos rois;
175 Un même instant conclut notre hymen et la guerre,
Fit naître notre espoir et le jeta par terre,
Nous ôta tout, sitôt qu'il nous eut tout promis;
Et, nous faisant amants, il nous fit ennemis.
Combien nos déplaisirs parurent lors extrêmes!
180 Combien contre le ciel il vomit de blasphèmes!
Et combien de ruisseaux coulèrent de mes yeux!
Je ne vous le dis point, vous vîtes nos adieux;
Vous avez vu depuis les troubles de mon âme :
Vous savez pour la paix quels vœux a faits ma flamme,
185 Et quels pleurs j'ai versés à chaque événement,
Tantôt pour mon pays, tantôt pour mon amant.
Enfin mon désespoir, parmi ces longs obstacles,
M'a fait avoir recours à la voix des oracles.
Écoutez si celui qui me fut hier rendu
190 Eut droit de rassurer mon esprit éperdu.
Ce Grec si renommé, qui depuis tant d'années
Au pied de l'Aventin prédit nos destinées,
Lui qu'Apollon jamais n'a fait parler à faux,
Me promit par ces vers la fin de mes travaux :
195 « Albe et Rome demain prendront une autre face,
Tes vœux sont exaucés, elles auront la paix,
Et tu seras unie avec ton Curiace,
Sans qu'aucun mauvais sort t'en sépare jamais. »
Je pris sur cet oracle une entière assurance,
200 Et comme le succès passait mon espérance,
J'abandonnai mon âme à des ravissements
Qui passaient les transports des plus heureux amants.
Jugez de leur excès : je rencontrai Valère,
Et, contre sa coutume, il ne put me déplaire;
205 Il me parla d'amour sans me donner d'ennui :
Je ne m'aperçus pas que je parlais à lui;
Je ne lui pus montrer de mépris ni de glace :
Tout ce que je voyais me semblait Curiace;
Tout ce qu'on me disait me parlait de ses feux;
210 Tout ce que je disais l'assurait de mes vœux.
Le combat général aujourd'hui se hasarde;
J'en sus hier la nouvelle, et je n'y pris pas garde;
Mon esprit rejetait ces funestes objets,
Charmé des doux pensers d'hymen et de la paix.
215 La nuit a dissipé des erreurs si charmantes;
Mille songes affreux, mille images sanglantes,
Ou plutôt mille amas de carnage et d'horreur,
M'ont arraché ma joie, et rendu ma terreur.
J'ai vu du sang, des morts, et n'ai rien vu de suite;

220 Un spectre en paraissant prenait soudain la fuite ;
Ils s'effaçaient l'un l'autre ; et chaque illusion
Redoublait mon effroi par sa confusion.

Julie

C'est en contraire sens qu'un songe s'interprète.

Camille

Je le dois croire ainsi, puisque je le souhaite ;
225 Mais je me trouve enfin, malgré tous mes souhaits,
Au jour d'une bataille, et non pas d'une paix.

Julie

Par là finit la guerre, et la paix lui succède.

Camille

Dure à jamais le mal, s'il y faut ce remède !
Soit que Rome y succombe ou qu'Albe ait le dessous,
230 Cher amant, n'attends plus d'être un jour mon époux ;
Jamais, jamais ce nom ne sera pour un homme
Qui soit ou le vainqueur, ou l'esclave de Rome.
   Mais quel objet nouveau se présente en ces lieux ?
Est-ce toi, Curiace ? en croirai-je mes yeux ?

SCÈNE III

CURIACE, CAMILLE, JULIE

Curiace

235 N'en doutez point, Camille, et revoyez un homme
Qui n'est ni le vainqueur ni l'esclave de Rome ;
Cessez d'appréhender de voir rougir mes mains
Du poids honteux des fers ou du sang des Romains.
J'ai cru que vous aimiez assez Rome et la gloire
240 Pour mépriser ma chaîne et haïr ma victoire ;
Et comme également en cette extrémité
Je craignais la victoire et la captivité...

Camille

Curiace, il suffit, je devine le reste :
Tu fuis une bataille à tes vœux si funeste,
245 Et ton cœur, tout à moi, pour ne me perdre pas,

Dérobe à ton pays le secours de ton bras.
Qu'un autre considère ici ta renommée,
Et te blâme, s'il veut, de m'avoir trop aimée;
Ce n'est point à Camille à t'en mésestimer;
250 Plus ton amour paraît, plus elle doit t'aimer;
Et si tu dois beaucoup aux lieux qui t'ont vu naître,
Plus tu quittes pour moi, plus tu le fais paraître.
Mais as-tu vu mon père? et peut-il endurer
Qu'ainsi dans sa maison tu t'oses retirer?
255 Ne préfère-t-il point l'État à sa famille?
Ne regarde-t-il point Rome plus que sa fille?
Enfin, notre bonheur est-il bien affermi?
T'a-t-il vu comme gendre ou bien comme ennemi?

Curiace

Il m'a vu comme gendre, avec une tendresse
260 Qui témoignait assez une entière allégresse;
Mais il ne m'a point vu, par une trahison,
Indigne de l'honneur d'entrer dans sa maison.
Je n'abandonne point l'intérêt de ma ville;
J'aime encor mon honneur en adorant Camille.
265 Tant qu'a duré la guerre, on m'a vu constamment
Aussi bon citoyen que véritable amant.
D'Albe avec mon amour j'accordais la querelle;
Je soupirais pour vous en combattant pour elle;
Et s'il fallait encor que l'on en vînt aux coups,
270 Je combattrais pour elle en soupirant pour vous.
Oui, malgré les désirs de mon âme charmée,
Si la guerre durait, je serais dans l'armée :
C'est la paix qui chez vous me donne un libre accès,
La paix à qui nos feux doivent ce beau succès.

Camille

275 La paix! Et le moyen de croire un tel miracle?

Julie

Camille, pour le moins croyez-en votre oracle,
Et sachons pleinement par quels heureux effets
L'heure d'une bataille a produit cette paix.

Curiace

L'aurait-on jamais cru? Déjà les deux armées,
280 D'une égale chaleur au combat animées,
Se menaçaient des yeux, et marchant fièrement,
N'attendaient, pour donner, que le commandement,
Quand notre dictateur devant les rangs s'avance,

Demande à votre prince un moment de silence,
285 Et l'ayant obtenu : « Que faisons-nous, Romains,
Dit-il, et quel démon nous fait venir aux mains ?
Souffrons que la raison éclaire enfin nos âmes :
Nous sommes vos voisins, nos filles sont vos femmes,
Et l'hymen nous a joints par tant et tant de nœuds,
290 Qu'il est peu de nos fils qui ne soient vos neveux ;
Nous ne sommes qu'un sang et qu'un peuple en deux villes :
Pourquoi nous déchirer par des guerres civiles,
Où la mort des vaincus affaiblit les vainqueurs,
Et le plus beau triomphe est arrosé de pleurs ?
295 Nos ennemis communs attendent avec joie
Qu'un des partis défait leur donne l'autre en proie,
Lassé, demi-rompu, vainqueur, mais, pour tout fruit,
Dénué d'un secours par lui-même détruit.
Ils ont assez longtemps joui de nos divorces ;
300 Contre eux dorénavant joignons toutes nos forces,
Et noyons dans l'oubli ces petits différends
Qui de si bons guerriers font de mauvais parents.
Que si l'ambition de commander aux autres
Fait marcher aujourd'hui vos troupes et les nôtres,
305 Pourvu qu'à moins de sang nous voulions l'apaiser,
Elle nous unira, loin de nous diviser.
Nommons des combattants pour la cause commune ;
Que chaque peuple aux siens attache sa fortune ;
Et suivant ce que d'eux ordonnera le sort,
310 Que le faible parti prenne loi du plus fort ;
Mais, sans indignité pour des guerriers si braves,
Qu'ils deviennent sujets sans devenir esclaves,
Sans honte, sans tribut, et sans autre rigueur
Que de suivre en tous lieux les drapeaux du vainqueur.
315 Ainsi nos deux États ne feront qu'un empire. »
Il semble qu'à ces mots notre discorde expire :
Chacun, jetant les yeux dans un rang ennemi,
Reconnaît un beau-frère, un cousin, un ami ;
Ils s'étonnent comment leurs mains, de sang avides,
320 Volaient, sans y penser, à tant de parricides,
Et font paraître un front couvert tout à la fois
D'horreur pour la bataille, et d'ardeur pour ce choix.
Enfin l'offre s'accepte, et la paix désirée
Sous ces conditions est aussitôt jurée :
325 Trois combattront pour tous ; mais pour les mieux choisir
Nos chefs ont voulu prendre un peu plus de loisir :
Le vôtre est au sénat, le nôtre dans sa tente.

CAMILLE

O dieux, que ce discours rend mon âme contente !

Curiace

Dans deux heures au plus, par un commun accord,
330 Le sort de nos guerriers réglera notre sort.
Cependant tout est libre, attendant qu'on les nomme.
Rome est dans notre camp, et notre camp dans Rome ;
D'un et d'autre côté l'accès étant permis,
Chacun va renouer avec ses vieux amis.
335 Pour moi, ma passion m'a fait suivre vos frères ;
Et mes désirs ont eu des succès si prospères,
Que l'auteur de vos jours m'a promis à demain
Le bonheur sans pareil de vous donner la main.
Vous ne deviendrez pas rebelle à sa puissance ?

Camille

340 Le devoir d'une fille est en l'obéissance.

Curiace

Venez donc recevoir ce doux commandement,
Qui doit mettre le comble à mon contentement.

Camille

Je vais suivre vos pas, mais pour revoir mes frères,
Et savoir d'eux encor la fin de nos misères.

Julie

345 Allez, et cependant au pied de nos autels
J'irai rendre pour vous grâces aux immortels.

ACTE II

SCÈNE PREMIÈRE

HORACE, CURIACE

Curiace

Ainsi Rome n'a point séparé son estime ;
Elle eût cru faire ailleurs un choix illégitime :
Cette superbe ville en vos frères et vous
350 Trouve les trois guerriers qu'elle préfère à tous,
Et son illustre ardeur d'oser plus que les autres

D'une seule maison brave toutes les nôtres ;
Nous croirons, à la voir toute entière en vos mains,
Que hors les fils d'Horace il n'est point de Romains.
355 Ce choix pouvait combler trois familles de gloire,
Consacrer hautement leurs noms à la mémoire :
Oui, l'honneur que reçoit la vôtre par ce choix
En pouvait à bon titre immortaliser trois ;
Et puisque c'est chez vous que mon heur et ma flamme
360 M'ont fait placer ma sœur, et choisir une femme,
Ce que je vais vous être et ce que je vous suis
Me font y prendre part autant que je le puis ;
Mais un autre intérêt tient ma joie en contrainte,
Et parmi ses douceurs mêle beaucoup de crainte.
365 La guerre en tel éclat a mis votre valeur,
Que je tremble pour Albe et prévois son malheur :
Puisque vous combattez, sa perte est assurée ;
En vous faisant nommer, le destin l'a jurée.
Je vois trop dans ce choix ses funestes projets,
370 Et me compte déjà pour un de vos sujets.

Horace

Loin de trembler pour Albe, il vous faut plaindre Rome,
Voyant ceux qu'elle oublie, et les trois qu'elle nomme.
C'est un aveuglement pour elle bien fatal
D'avoir tant à choisir, et de choisir si mal.
375 Mille de ses enfants beaucoup plus dignes d'elle
Pouvaient bien mieux que nous soutenir sa querelle ;
Mais quoique ce combat me promette un cercueil,
La gloire de ce choix m'enfle d'un juste orgueil ;
Mon esprit en conçoit une mâle assurance ;
380 J'ose espérer beaucoup de mon peu de vaillance ;
Et du sort envieux quels que soient les projets,
Je ne me compte point pour un de vos sujets.
Rome a trop cru de moi ; mais mon âme ravie
Remplira son attente ou quittera la vie.
385 Qui veut mourir, ou vaincre, est vaincu rarement ;
Ce noble désespoir périt malaisément.
Rome, quoi qu'il en soit, ne sera point sujette
Que mes derniers soupirs n'assurent ma défaite.

Curiace

Hélas ! c'est bien ici que je dois être plaint.
390 Ce que veut mon pays, mon amitié le craint.
Dures extrémités, de voir Albe asservie,
Ou sa victoire au prix d'une si chère vie,
Et que l'unique bien où tendent ses désirs

S'achète seulement par vos derniers soupirs!
395 Quels vœux puis-je former, et quel bonheur attendre?
De tous les deux côtés, j'ai des pleurs à répandre;
De tous les deux côtés mes désirs sont trahis.

HORACE

Quoi! vous me pleureriez mourant pour mon pays!
Pour un cœur généreux ce trépas a des charmes;
400 La gloire qui le suit ne souffre point de larmes,
Et je le recevrais en bénissant mon sort,
Si Rome et tout l'État perdaient moins en ma mort.

CURIACE

A vos amis pourtant permettez de le craindre;
Dans un si beau trépas ils sont les seuls à plaindre :
405 La gloire en est pour vous, et la perte pour eux;
Il vous fait immortel, et les rend malheureux :
On perd tout quand on perd un ami si fidèle.
Mais Flavian m'apporte ici quelque nouvelle.

SCÈNE II

HORACE, CURIACE, FLAVIAN

CURIACE

Albe de trois guerriers a-t-elle fait le choix?

FLAVIAN

410 Je viens pour vous l'apprendre.

CURIACE

               Eh bien! qui sont les trois!

FLAVIAN

Vos deux frères et vous.

CURIACE

       Qui?

FLAVIAN

               Vous et vos deux frères.
Mais pourquoi ce front triste et ces regards sévères?

Ce choix vous déplaît-il ?

Curiace

Non, mais il me surprend :
Je m'estimais trop peu pour un honneur si grand.

Flavian

415 Dirai-je au dictateur, dont l'ordre ici m'envoie,
Que vous le recevez avec si peu de joie ?
Ce morne et froid accueil me surprend à mon tour.

Curiace

Dis-lui que l'amitié, l'alliance et l'amour
Ne pourront empêcher que les trois Curiaces
420 Ne servent leur pays contre les trois Horaces.

Flavian

Contre eux ! Ah ! c'est beaucoup me dire en peu de mots.

Curiace

Porte-lui ma réponse, et nous laisse en repos.

SCÈNE III

HORACE, CURIACE

Curiace

Que désormais le ciel, les enfers et la terre
Unissent leurs fureurs à nous faire la guerre ;
425 Que les hommes, les dieux, les démons et le sort
Préparent contre nous un général effort ;
Je mets à faire pis, en l'état où nous sommes,
Le sort, et les démons, et les dieux, et les hommes.
Ce qu'ils ont de cruel, et d'horrible, et d'affreux,
430 L'est bien moins que l'honneur qu'on nous fait à tous deux.

Horace

Le sort qui de l'honneur nous ouvre la barrière
Offre à notre constance une illustre matière ;
Il épuise sa force à former un malheur
Pour mieux se mesurer avec notre valeur ;
435 Et comme il voit en nous des âmes peu communes,

Hors de l'ordre commun il nous fait des fortunes.
  Combattre un ennemi pour le salut de tous,
Et contre un inconnu s'exposer seul aux coups,
D'une simple vertu c'est l'effet ordinaire,
440 Mille déjà l'ont fait, mille pourraient le faire ;
Mourir pour le pays est un si digne sort,
Qu'on briguerait en foule une si belle mort.
Mais vouloir au public immoler ce qu'on aime,
S'attacher au combat contre un autre soi-même,
445 Attaquer un parti qui prend pour défenseur
Le frère d'une femme et l'amant d'une sœur,
Et rompant tous ces nœuds, s'armer pour la patrie
Contre un sang qu'on voudrait racheter de sa vie,
Une telle vertu n'appartenait qu'à nous.
450 L'éclat de son grand nom lui fait peu de jaloux,
Et peu d'hommes au cœur l'ont assez imprimée
Pour oser aspirer à tant de renommée.

Curiace

Il est vrai que nos noms ne sauraient plus périr.
L'occasion est belle, il nous la faut chérir.
455 Nous serons les miroirs d'une vertu bien rare ;
Mais votre fermeté tient un peu du barbare :
Peu, même des grands cœurs, tireraient vanité
D'aller par ce chemin à l'immortalité ;
A quelque prix qu'on mette une telle fumée,
460 L'obscurité vaut mieux que tant de renommée.
  Pour moi, je l'ose dire, et vous l'avez pu voir,
Je n'ai point consulté pour suivre mon devoir ;
Notre longue amitié, l'amour, ni l'alliance,
N'ont pu mettre un moment mon esprit en balance ;
465 Et puisque par ce choix Albe montre en effet
Qu'elle m'estime autant que Rome vous a fait,
Je crois faire pour elle autant que vous pour Rome ;
J'ai le cœur aussi bon, mais enfin je suis homme :
Je vois que votre honneur demande tout mon sang,
470 Que tout le mien consiste à vous percer le flanc,
Près d'épouser la sœur, qu'il faut tuer le frère,
Et que pour mon pays j'ai le sort si contraire.
Encor qu'à mon devoir je coure sans terreur,
Mon cœur s'en effarouche, et j'en frémis d'horreur ;
475 J'ai pitié de moi-même, et jette un œil d'envie
Sur ceux dont notre guerre a consumé la vie,
Sans souhait toutefois de pouvoir reculer.
Ce triste et fier honneur m'émeut sans m'ébranler :
J'aime ce qu'il me donne, et je plains ce qu'il m'ôte ;
480 Et si Rome demande une vertu plus haute,

Je rends grâces aux dieux de n'être pas Romain,
Pour conserver encor quelque chose d'humain.

HORACE

Si vous n'êtes Romain, soyez digne de l'être ;
Et si vous m'égalez, faites-le mieux paraître.
485 La solide vertu dont je fais vanité
N'admet point de faiblesse avec sa fermeté ;
Et c'est mal de l'honneur entrer dans la carrière
Que dès le premier pas regarder en arrière.
Notre malheur est grand, il est au plus haut point ;
490 Je l'envisage entier, mais je n'en frémis point :
Contre qui que ce soit que mon pays m'emploie,
J'accepte aveuglément cette gloire avec joie ;
Celle de recevoir de tels commandements
Doit étouffer en nous tous autres sentiments.
495 Qui, près de le servir, considère autre chose,
A faire ce qu'il doit lâchement se dispose ;
Ce droit saint et sacré rompt tout autre lien.
Rome a choisi mon bras, je n'examine rien.
Avec une allégresse aussi pleine et sincère
500 Que j'épousai la sœur, je combattrai le frère ;
Et, pour trancher enfin ces discours superflus,
Albe vous a nommé, je ne vous connais plus.

CURIACE

Je vous connais encore, et c'est ce qui me tue ;
Mais cette âpre vertu ne m'était pas connue ;
505 Comme notre malheur elle est au plus haut point :
Souffrez que je l'admire et ne l'imite point.

HORACE

Non, non, n'embrassez pas de vertu par contrainte ;
Et puisque vous trouvez plus de charme à la plainte,
En toute liberté goûtez un bien si doux.
510 Voici venir ma sœur pour se plaindre avec vous.
Je vais revoir la vôtre, et résoudre son âme
A se bien souvenir qu'elle est toujours ma femme,
A vous aimer encor, si je meurs par vos mains,
Et prendre en son malheur des sentiments romains.

SCÈNE IV

HORACE, CURIACE, CAMILLE

HORACE

515 Avez-vous su l'état qu'on fait de Curiace,

Ma sœur?

CAMILLE

Hélas! mon sort a bien changé de face.

HORACE

Armez-vous de constance, et montrez-vous ma sœur;
Et si par mon trépas il retourne vainqueur,
Ne le recevez point en meurtrier d'un frère,
520 Mais en homme d'honneur qui fait ce qu'il doit faire,
Qui sert bien son pays, et sait montrer à tous,
Par sa haute vertu, qu'il est digne de vous.
Comme si je vivais, achevez l'hyménée;
Mais si ce fer aussi tranche sa destinée,
525 Faites à ma victoire un pareil traitement,
Ne me reprochez point la mort de votre amant.
Vos larmes vont couler, et votre cœur se presse;
Consumez avec lui toute cette faiblesse.
Querellez ciel et terre, et maudissez le sort;
530 Mais après le combat ne pensez plus au mort.

A Curiace.

Je ne vous laisserai qu'un moment avec elle,
Puis nous irons ensemble où l'honneur nous appelle.

SCÈNE V

CURIACE, CAMILLE

CAMILLE

Iras-tu, Curiace? et ce funeste honneur
Te plaît-il aux dépens de tout notre bonheur?

CURIACE

535 Hélas! je vois trop bien qu'il faut, quoi que je fasse,
Mourir, ou de douleur, ou de la main d'Horace.
Je vais comme au supplice à cet illustre emploi;
Je maudis mille fois l'état qu'on fait de moi;
Je hais cette valeur qui fait qu'Albe m'estime;
540 Ma flamme au désespoir passe jusques au crime,
Elle se prend au ciel, et l'ose quereller.
Je vous plains, je me plains; mais il y faut aller.

CAMILLE

Non; je te connais mieux, tu veux que je te prie,

Et qu'ainsi mon pouvoir t'excuse à ta patrie.
545 Tu n'es que trop fameux par tes autres exploits :
Albe a reçu par eux tout ce que tu lui dois.
Autre n'a mieux que toi soutenu cette guerre;
Autre de plus de morts n'a couvert notre terre :
Ton nom ne peut plus croître, il ne lui manque rien;
550 Souffre qu'un autre ici puisse ennoblir le sien.

Curiace

Que je souffre à mes yeux qu'on ceigne une autre tête
Des lauriers immortels que la gloire m'apprête,
Ou que tout mon pays reproche à ma vertu
Qu'il aurait triomphé si j'avais combattu,
555 Et que sous mon amour ma valeur endormie
Couronne tant d'exploits d'une telle infamie !
Non, Albe, après l'honneur que j'ai reçu de toi,
Tu ne succomberas ni vaincras que par moi;
Tu m'as commis ton sort, je t'en rendrai bon compte,
560 Et vivrai sans reproche, ou périrai sans honte.

Camille

Quoi! tu ne veux pas voir qu'ainsi tu me trahis!

Curiace

Avant que d'être à vous je suis à mon pays.

Camille

Mais te priver pour lui toi-même d'un beau-frère,
Ta sœur de son mari !

Curiace

        Telle est notre misère :
565 Le choix d'Albe et de Rome ôte toute douceur
Aux noms jadis si doux de beau-frère et de sœur.

Camille

Tu pourras donc, cruel, me présenter sa tête,
Et demander ma main pour prix de ta conquête !

Curiace

Il n'y faut plus penser; en l'état où je suis,
570 Vous aimer sans espoir, c'est tout ce que je puis.
Vous en pleurez, Camille ?

Camille

        Il faut bien que je pleure :
Mon insensible amant ordonne que je meure;

Et quand l'hymen pour nous allume son flambeau,
Il l'éteint de sa main pour m'ouvrir le tombeau.
575 Ce cœur impitoyable à ma perte s'obstine,
Et dit qu'il m'aime encore alors qu'il m'assassine.

CURIACE

Que les pleurs d'une amante ont de puissants discours!
Et qu'un bel œil est fort avec un tel secours!
Que mon cœur s'attendrit à cette triste vue!
580 Ma constance contre elle à regret s'évertue.
    N'attaquez plus ma gloire avec tant de douleurs,
Et laissez-moi sauver ma vertu de vos pleurs;
Je sens qu'elle chancelle, et défend mal la place :
Plus je suis votre amant, moins je suis Curiace.
585 Faible d'avoir déjà combattu l'amitié,
Vaincrait-elle à la fois l'amour et la pitié?
Allez, ne m'aimez plus, ne versez plus de larmes,
Ou j'oppose l'offense à de si fortes armes;
Je me défendrai mieux contre votre courroux,
590 Et, pour le mériter, je n'ai plus d'yeux pour vous :
Vengez-vous d'un ingrat, punissez un volage.
Vous ne vous montrez point sensible à cet outrage!
Je n'ai plus d'yeux pour vous, vous en avez pour moi!
En faut-il plus encor? je renonce à ma foi.
595   Rigoureuse vertu dont je suis la victime,
Ne peux-tu résister sans le secours d'un crime?

CAMILLE

Ne fais point d'autre crime, et j'atteste les dieux
Qu'au lieu de t'en haïr, je t'en aimerai mieux;
Oui, je te chérirai, tout ingrat et perfide,
600 Et cesse d'aspirer au nom de fratricide.
Pourquoi suis-je Romaine, ou que n'es-tu Romain?
Je te préparerais des lauriers de ma main;
Je t'encouragerais, au lieu de te distraire;
Et je te traiterais comme j'ai fait mon frère.
605 Hélas! j'étais aveugle en mes vœux aujourd'hui,
J'en ai fait contre toi quand j'en ai fait pour lui.
    Il revient; quel malheur, si l'amour de sa femme
Ne peut non plus sur lui que le mien sur ton âme!

SCÈNE VI

HORACE, CURIACE, SABINE, CAMILLE

CURIACE

Dieux, Sabine le suit! Pour ébranler mon cœur,

610 Est-ce peu de Camille ? y joignez-vous ma sœur ?
Et, laissant à ses pleurs vaincre ce grand courage,
L'amenez-vous ici chercher même avantage ?

SABINE

Non, non, mon frère, non, je ne viens en ce lieu
Que pour vous embrasser et pour vous dire adieu.
615 Votre sang est trop bon, n'en craignez rien de lâche,
Rien dont la fermeté de ces grands cœurs se fâche :
Si ce malheur illustre ébranlait l'un de vous,
Je le désavouerais pour frère ou pour époux.
Pourrai-je toutefois vous faire une prière
620 Digne d'un tel époux et digne d'un tel frère ?
Je veux d'un coup si noble ôter l'impiété,
A l'honneur qui l'attend rendre sa pureté,
La mettre en son éclat sans mélange de crimes ;
Enfin, je vous veux faire ennemis légitimes.
625   Du saint nœud qui vous joint je suis le seul lien :
Quand je ne serai plus, vous ne vous serez rien.
Brisez votre alliance, et rompez-en la chaîne ;
Et puisque votre honneur veut des effets de haine,
Achetez par ma mort le droit de vous haïr :
630 Albe le veut, et Rome : il faut leur obéir.
Qu'un de vous deux me tue, et que l'autre me venge :
Alors votre combat n'aura plus rien d'étrange,
Et du moins l'un des deux sera juste agresseur,
Ou pour venger sa femme, ou pour venger sa sœur.
635 Mais quoi ? vous souilleriez une gloire si belle,
Si vous vous animiez par quelque autre querelle :
Le zèle du pays vous défend de tels soins ;
Vous feriez peu pour lui si vous vous étiez moins ;
Il lui faut, et sans haine, immoler un beau-frère.
640 Ne différez donc plus ce que vous devez faire ;
Commencez par sa sœur à répandre son sang,
Commencez par sa femme à lui percer le flanc,
Commencez par Sabine à faire de vos vies
Un digne sacrifice à vos chères patries :
645 Vous êtes ennemis en ce combat fameux,
Vous d'Albe, vous de Rome, et moi de toutes deux.
Quoi ? me réservez-vous à voir une victoire
Où, pour haut appareil d'une pompeuse gloire,
Je verrai les lauriers d'un frère ou d'un mari
650 Fumer encor d'un sang que j'aurai tant chéri ?
Pourrai-je entre vous deux régler alors mon âme,
Satisfaire aux devoirs et de sœur et de femme,
Embrasser le vainqueur en pleurant le vaincu ?
Non, non, avant ce coup Sabine aura vécu :

Ma mort le préviendra, de qui que je l'obtienne;
Le refus de vos mains y condamne la mienne.
Sus donc, qui vous retient? Allez, cœurs inhumains,
J'aurai trop de moyens pour y forcer vos mains;
Vous ne les aurez point au combat occupées,
Que ce corps au milieu n'arrête vos épées;
Et, malgré vos refus, il faudra que leurs coups
Se fassent jour ici pour aller jusqu'à vous.

Horace

O ma femme!

Curiace

O ma sœur!

Camille

Courage! ils s'amollissent.

Sabine

Vous poussez des soupirs! vos visage pâlissent!
Quelle peur vous saisit? Sont-ce là ces grands cœurs,
Ces héros qu'Albe et Rome ont pris pour défenseurs?

Horace

Que t'ai-je fait, Sabine? et quelle est mon offense,
Qui t'oblige à chercher une telle vengeance?
Que t'a fait mon honneur? et par quel droit viens-tu
Avec toute ta force attaquer ma vertu?
Du moins contente-toi de l'avoir étonnée,
Et me laisse achever cette grande journée.
Tu me viens de réduire en un étrange point;
Aime assez ton mari pour n'en triompher point.
Va-t'en, et ne rends plus la victoire douteuse;
La dispute déjà m'en est assez honteuse.
Souffre qu'avec honneur je termine mes jours.

Sabine

Va, cesse de me craindre; on vient à ton secours.

SCÈNE VII

LE VIEIL HORACE, HORACE, CURIACE,
SABINE, CAMILLE

Le vieil Horace

Qu'est ceci, mes enfants? écoutez-vous vos flammes?

680 Et perdez-vous encor le temps avec des femmes ?
Prêts à verser du sang, regardez-vous des pleurs ?
Fuyez, et laissez-les déplorer leurs malheurs.
Leurs plaintes ont pour vous trop d'art et de tendresse ;
Elles vous feraient part enfin de leur faiblesse,
685 Et ce n'est qu'en fuyant qu'on pare de tels coups.

SABINE

N'appréhendez rien d'eux, ils sont dignes de vous.
Malgré tous nos efforts vous en devez attendre
Ce que vous souhaitez et d'un fils et d'un gendre ;
Et si notre faiblesse ébranlait leur honneur,
690 Nous vous laissons ici pour leur rendre du cœur.
    Allons, ma sœur, allons ne perdons plus de larmes ;
Contre tant de vertus ce sont de faibles armes.
Ce n'est qu'au désespoir qu'il nous faut recourir :
Tigres, allez combattre, et nous, allons mourir.

SCÈNE VIII

LE VIEIL HORACE, HORACE, CURIACE

HORACE

695 Mon père, retenez des femmes qui s'emportent,
Et de grâce, empêchez surtout qu'elles ne sortent.
Leur amour importun viendrait avec éclat
Par des cris et des pleurs troubler notre combat ;
Et ce qu'elles nous sont ferait qu'avec justice
700 On nous imputerait ce mauvais artifice ;
L'honneur d'un si beau choix serait trop acheté,
Si l'on nous soupçonnait de quelque lâcheté.

LE VIEIL HORACE

J'en aurai soin. Allez, vos frères vous attendent ;
Ne pensez qu'aux devoirs que vos pays demandent.

CURIACE

705 Quel adieu vous dirai-je ? et par quels compliments...

LE VIEIL HORACE

Ah ! n'attendrissez point ici mes sentiments ;
Pour vous encourager ma voix manque de termes ;

Mon cœur ne forme point de pensers assez fermes;
Moi-même en cet adieu j'ai les larmes aux yeux.
710 Faites votre devoir, et laissez faire aux dieux.

ACTE III

SCÈNE PREMIÈRE

SABINE

Prenons parti, mon âme, en de telles disgrâces :
Soyons femme d'Horace, ou sœur des Curiaces;
Cessons de partager nos inutiles soins;
Souhaitons quelque chose, et craignons un peu moins.
715 Mais, las! quel parti prendre en un sort si contraire?
Quel ennemi choisir, d'un époux ou d'un frère?
La nature ou l'amour parle pour chacun d'eux,
Et la loi du devoir m'attache à tous les deux.
Sur leurs hauts sentiments réglons plutôt les nôtres;
720 Soyons femme de l'un ensemble et sœur des autres :
Regardons leur honneur comme un souverain bien;
Imitons leur constance, et ne craignons plus rien.
La mort qui les menace est une mort si belle,
Qu'il en faut sans frayeur attendre la nouvelle.
725 N'appelons point alors les destins inhumains;
Songeons pour quelle cause, et non par quelles mains;
Revoyons les vainqueurs, sans penser qu'à la gloire
Que toute leur maison reçoit de leur victoire;
Et sans considérer aux dépens de quel sang
730 Leur vertu les élève en cet illustre rang,
Faisons nos intérêts de ceux de leur famille :
En l'une je suis femme, en l'autre je suis fille,
Et tiens à toutes deux par de si forts liens,
Qu'on ne peut triompher que par les bras des miens.
735 Fortune, quelques maux que ta rigueur m'envoie,
J'ai trouvé les moyens d'en tirer de la joie,
Et puis voir aujourd'hui le combat sans terreur,
Les morts sans désespoir, les vainqueurs sans horreur.
  Flatteuse illusion, erreur douce et grossière,
740 Vain effort de mon âme, impuissante lumière,
De qui le faux brillant prend droit de m'éblouir,
Que tu sais peu durer, et tôt t'évanouir!
Pareille à ces éclairs qui, dans le fort des ombres,
Poussent un jour qui fuit, et rend les nuits plus sombres,

Tu n'as frappé mes yeux d'un moment de clarté
Que pour les abîmer dans plus d'obscurité.
Tu charmais trop ma peine, et le ciel, qui s'en fâche,
Me vend déjà bien cher ce moment de relâche.
Je sens mon triste cœur percé de tous les coups
Qui m'ôtent maintenant un frère ou mon époux.
Quand je songe à leur mort, quoi que je me propose,
Je songe par quels bras, et non pour quelle cause,
Et ne vois les vainqueurs en leur illustre rang
Que pour considérer aux dépens de quel sang.
La maison des vaincus touche seule mon âme ;
En l'une je suis fille, en l'autre je suis femme,
Et tiens à toutes deux par de si forts liens,
Qu'on ne peut triompher que par la mort des miens.
C'est là donc cette paix que j'ai tant souhaitée !
Trop favorables dieux, vous m'avez écoutée !
Quels foudres lancez-vous quand vous vous irritez,
Si même vos faveurs ont tant de cruautés ?
Et de quelle façon punissez-vous l'offense,
Si vous traitez ainsi les vœux de l'innocence ?

SCÈNE II

SABINE, JULIE

Sabine

En est-ce fait, Julie ? et que m'apportez-vous ?
Est-ce la mort d'un frère, ou celle d'un époux ?
Le funeste succès de leurs armes impies
De tous les combattants a-t-il fait des hosties ?
Et m'enviant l'horreur que j'aurais des vainqueurs,
Pour tous tant qu'ils étaient demande-t-il mes pleurs ?

Julie

Quoi ! ce qui s'est passé, vous l'ignorez encore ?

Sabine

Vous faut-il étonner de ce que je l'ignore ?
Et ne savez-vous point que de cette maison
Pour Camille et pour moi l'on fait une prison ?
Julie, on nous renferme, on a peur de nos larmes ;
Sans cela nous serions au milieu de leurs armes,
Et, par les désespoirs d'une chaste amitié,
Nous aurions des deux camps tiré quelque pitié.

Julie

Il n'était pas besoin d'un si tendre spectacle ;
780 Leur vue à leur combat apporte assez d'obstacle.
    Sitôt qu'ils ont paru prêts à se mesurer,
On a dans les deux camps entendu murmurer :
A voir de tels amis, des personnes si proches,
Venir pour leur patrie aux mortelles approches,
785 L'un s'émeut de pitié, l'autre est saisi d'horreur,
L'autre d'un si grand zèle admire la fureur ;
Tel porte jusqu'aux cieux leur vertu sans égale,
Et tel l'ose nommer sacrilège et brutale.
Ces divers sentiments n'ont pourtant qu'une voix ;
790 Tous accusent leurs chefs, tous détestent leur choix ;
Et ne pouvant souffrir un combat si barbare,
On s'écrie, on s'avance, enfin on les sépare.

Sabine

Que je vous dois d'encens, grands dieux, qui m'exaucez !

Julie

Vous n'êtes pas, Sabine, encore où vous pensez :
795 Vous pouvez espérer, vous avez moins à craindre ;
Mais il vous reste encore assez de quoi vous plaindre.
    En vain d'un sort si triste on les veut garantir ;
Ces cruels généreux n'y peuvent consentir :
La gloire de ce choix leur est si précieuse,
800 Et charme tellement leur âme ambitieuse,
Qu'alors qu'on les déplore ils s'estiment heureux,
Et prennent pour affront la pitié qu'on a d'eux.
Le trouble des deux camps souille leur renommée ;
Ils combattront plutôt et l'une et l'autre armée,
805 Et mourront par les mains qui leur font d'autres lois.
Que pas un d'eux renonce aux honneurs d'un tel choix.

Sabine

Quoi ! dans leur dureté ces cœurs d'acier s'obstinent !

Julie

Oui ; mais d'autre côté les deux camps se mutinent,
Et leurs cris des deux parts poussés en même temps
810 Demandent la bataille, ou d'autres combattants.
La présence des chefs à peine est respectée,
Leur pouvoir est douteux, leur voix mal écoutée,
Le roi même s'étonne ; et pour dernier effort :

« Puisque chacun, dit-il, s'échauffe en ce discord,
Consultons des grands dieux la majesté sacrée,
Et voyons si ce change à leurs bontés agrée.
Quel impie osera se prendre à leur vouloir,
Lorsqu'en un sacrifice ils nous l'auront fait voir ? »
Il se tait, et ces mots semblent être des charmes ;
Même aux six combattants ils arrachent les armes ;
Et ce désir d'honneur qui leur ferme les yeux,
Tout aveugle qu'il est, respecte encor les dieux.
Leur plus bouillante ardeur cède à l'avis de Tulle,
Et soit par déférence, ou par un prompt scrupule,
Dans l'une et l'autre armée on s'en fait une loi,
Comme si toutes deux le connaissaient pour roi.
Le reste s'apprendra par la mort des victimes.

SABINE

Les dieux n'avoueront point un combat plein de crimes ;
J'en espère beaucoup, puisqu'il est différé,
Et je commence à voir ce que j'ai désiré.

SCÈNE III

SABINE, CAMILLE, JULIE

SABINE

Ma sœur, que je vous die une bonne nouvelle.

CAMILLE

Je pense la savoir, s'il faut la nommer telle ;
On l'a dite à mon père, et j'étais avec lui ;
Mais je n'en conçois rien qui flatte mon ennui :
Ce délai de nos maux rendra leurs coups plus rudes ;
Ce n'est qu'un plus long terme à nos inquiétudes ;
Et tout l'allégement qu'il en faut espérer,
C'est de pleurer plus tard ceux qu'il faudra pleurer.

SABINE

Les dieux n'ont pas en vain inspiré ce tumulte.

CAMILLE

Disons plutôt, ma sœur, qu'en vain on les consulte.
Ces mêmes dieux à Tulle ont inspiré ce choix ;
Et la voix du public n'est pas toujours leur voix ;

Ils descendent bien moins dans de si bas étages,
Que dans l'âme des rois, leurs vivantes images
845 De qui l'indépendance et sainte autorité
Est un rayon secret de leur divinité.

JULIE

C'est vouloir sans raison vous former des obstacles
Que de chercher leur voix ailleurs qu'en leurs oracles ;
Et vous ne vous pouvez figurer tout perdu,
850 Sans démentir celui qui vous fut hier rendu.

CAMILLE

Un oracle jamais ne se laisse comprendre ;
On l'entend d'autant moins que plus on croit l'entendre ;
Et, loin de s'assurer sur un pareil arrêt,
Qui n'y voit rien d'obscur doit croire que tout l'est.

SABINE

855 Sur ce qui fait pour nous prenons plus d'assurance,
Et souffrons les douceurs d'une juste espérance.
Quand la faveur du ciel ouvre à demi ses bras,
Qui ne s'en promet rien ne la mérite pas ;
Il empêche souvent qu'elle ne se déploie ;
860 Et lorsqu'elle descend, son refus la renvoie.

CAMILLE

Le ciel agit sans nous en ces événements,
Et ne les règle point dessus nos sentiments.

JULIE

Il ne vous a fait peur que pour vous faire grâce.
Adieu : je vais savoir comme enfin tout se passe.
865 Modérez vos frayeurs ; j'espère à mon retour
Ne vous entretenir que de propos d'amour,
Et que nous n'emploierons la fin de la journée
Qu'aux doux préparatifs d'un heureux hyménée.

SABINE

J'ose encor l'espérer.

CAMILLE

Moi, je n'espère rien.

JULIE

870 L'effet vous fera voir que nous en jugeons bien.

SCÈNE IV

SABINE, CAMILLE

Sabine

Parmi nos déplaisirs souffrez que je vous blâme :
Je ne puis approuver tant de trouble en votre âme.
Que feriez-vous, ma sœur, au point où je me vois,
Si vous aviez à craindre autant que je le dois,
875 Et si vous attendiez de leurs armes fatales
Des maux pareils aux miens, et des pertes égales ?

Camille

Parlez plus sainement de vos maux et des miens :
Chacun voit ceux d'autrui d'un autre œil que les siens ;
Mais, à bien regarder ceux où le ciel me plonge,
880 Les vôtres auprès d'eux vous sembleront un songe.
 La seule mort d'Horace est à craindre pour vous.
Des frères ne sont rien à l'égal d'un époux ;
L'hymen qui nous attache en une autre famille
Nous détache de celle où l'on a vécu fille ;
885 On voit d'un œil divers des nœuds si différents,
Et pour suivre un mari l'on quitte ses parents ;
Mais si près d'un hymen, l'amant que donne un père
Nous est moins qu'un époux, et non pas moins qu'un frère ;
Nos sentiments entre eux demeurent suspendus,
890 Notre choix impossible, et nos vœux confondus.
Ainsi, ma sœur, du moins vous avez dans vos plaintes
Où porter vos souhaits et terminer vos craintes ;
Mais si le ciel s'obstine à nous persécuter,
Pour moi, j'ai tout à craindre, et rien à souhaiter.

Sabine

895 Quand il faut que l'un meure et par les mains de l'autre,
C'est un raisonnement bien mauvais que le vôtre.
 Quoique ce soient, ma sœur, des nœuds bien différents,
C'est sans les oublier qu'on quitte ses parents :
L'hymen n'efface point ces profonds caractères ;
900 Pour aimer un mari, l'on ne hait pas ses frères ;
La nature en tout temps garde ses premiers droits ;
Aux dépens de leur vie on ne fait point de choix :
Aussi bien qu'un époux ils sont d'autres nous-mêmes ;
Et tous maux sont pareils alors qu'ils sont extrêmes ;

Mais l'amant qui vous charme et pour qui vous brûlez
Ne vous est, après tout, que ce que vous voulez ;
Une mauvaise humeur, un peu de jalousie,
En fait assez souvent passer la fantaisie.
Ce que peut le caprice, osez-le par raison,
Et laissez votre sang hors de comparaison :
C'est crime qu'opposer des liens volontaires
A ceux que la naissance a rendus nécessaires.
Si donc le ciel s'obstine à nous persécuter,
Seule j'ai tout à craindre, et rien à souhaiter ;
Mais pour vous, le devoir vous donne, dans vos plaintes,
Où porter vos souhaits, et terminer vos craintes.

CAMILLE

Je le vois bien, ma sœur, vous n'aimâtes jamais :
Vous ne connaissez point ni l'amour ni ses traits :
On peut lui résister quand il commence à naître,
Mais non pas le bannir quand il s'est rendu maître,
Et que l'aveu d'un père, engageant notre foi,
A fait de ce tyran un légitime roi :
Il entre avec douceur, mais il règne par force ;
Et quand l'âme une fois a goûté son amorce,
Vouloir ne plus aimer, c'est ce qu'elle ne peut,
Puisqu'elle ne peut plus vouloir que ce qu'il veut :
Ses chaînes sont pour nous aussi fortes que belles.

SCÈNE V

LE VIEIL HORACE, SABINE, CAMILLE

LE VIEIL HORACE

Je viens vous apporter de fâcheuses nouvelles,
Mes filles ; mais en vain je voudrais vous celer
Ce qu'on ne vous saurait longtemps dissimuler :
Vos frères sont aux mains, les dieux ainsi l'ordonnent.

SABINE

Je veux bien l'avouer, ces nouvelles m'étonnent :
Et je m'imaginais dans la divinité
Beaucoup moins d'injustice, et bien plus de bonté.
Ne nous consolez point : contre tant d'infortune
La pitié parle en vain, la raison importune.
Nous avons en nos mains la fin de nos douleurs,
Et qui veut bien mourir peut braver les malheurs.

Nous pourrions aisément faire en votre présence
940 De notre désespoir une fausse constance ;
Mais quand on peut sans honte être sans fermeté,
L'affecter au-dehors, c'est une lâcheté ;
L'usage d'un tel art, nous le laissons aux hommes,
Et ne voulons passer que pour ce que nous sommes.
945   Nous ne demandons point qu'un courage si fort
S'abaisse à notre exemple à se plaindre du sort.
Recevez sans frémir ces mortelles alarmes ;
Voyez couler nos pleurs sans y mêler vos larmes ;
Enfin, pour toute grâce, en de tels déplaisirs,
950 Gardez votre constance, et souffrez nos soupirs.

LE VIEIL HORACE

Loin de blâmer les pleurs que je vous vois répandre,
Je crois faire beaucoup de m'en pouvoir défendre,
Et céderais peut-être à de si rudes coups,
Si je prenais ici même intérêt que vous :
955 Non qu'Albe par son choix m'ait fait haïr vos frères,
Tous trois me sont encor des personnes bien chères ;
Mais enfin l'amitié n'est pas du même rang
Et n'a point les effets de l'amour ni du sang ;
Je ne sens point pour eux la douleur qui tourmente
960 Sabine comme sœur, Camille comme amante ;
Je puis les regarder comme nos ennemis,
Et donne sans regret mes souhaits à mes fils.
Ils sont, grâces aux dieux, dignes de leur patrie ;
Aucun étonnement n'a leur gloire flétrie ;
965 Et j'ai vu leur honneur croître de la moitié,
Quand ils ont des deux camps refusé la pitié.
Si par quelque faiblesse ils l'avaient mendiée,
Si leur haute vertu ne l'eût répudiée,
Ma main bientôt sur eux m'eût vengé hautement
970 De l'affront que m'eût fait ce mol consentement.
Mais, lorsqu'en dépit d'eux on en a voulu d'autres,
Je ne le cède point, j'ai joint mes vœux aux vôtres.
Si le ciel pitoyable eût écouté ma voix,
Albe serait réduite à faire un autre choix ;
975 Nous pourrions voir tantôt triompher les Horaces
Sans voir leurs bras souillés du sang des Curiaces,
Et de l'événement d'un combat plus humain
Dépendrait maintenant l'honneur du nom romain.
La prudence des dieux autrement en dispose ;
980 Sur leur ordre éternel mon esprit se repose :
Il s'arme en ce besoin de générosité,
Et du bonheur public fait sa félicité.
Tâchez d'en faire autant pour soulager vos peines,

Et songez toutes deux que vous êtes Romaines :
985 Vous l'êtes devenue, et vous l'êtes encor ;
Un si glorieux titre est un digne trésor.
Un jour, un jour viendra que par toute la terre
Rome se fera craindre à l'égal du tonnerre,
Et que, tout l'univers tremblant dessous ses lois,
990 Ce grand nom deviendra l'ambition des rois :
Les dieux à notre Énée ont promis cette gloire.

SCÈNE VI

LE VIEIL HORACE, SABINE, CAMILLE, JULIE

Le vieil Horace

Nous venez-vous, Julie, apprendre la victoire ?

Julie

Mais plutôt du combat les funestes effets :
Rome est sujette d'Albe, et vos fils sont défaits ;
995 Des trois les deux sont morts, son époux seul vous reste.

Le vieil Horace

O d'un triste combat effet vraiment funeste !
Rome est sujette d'Albe, et pour l'en garantir
Il n'a pas employé jusqu'au dernier soupir !
Non, non, cela n'est point, on vous trompe, Julie ;
1000 Rome n'est point sujette, ou mon fils est sans vie :
Je connais mieux mon sang, il sait mieux son devoir.

Julie

Mille, de nos remparts, comme moi l'ont pu voir.
Il s'est fait admirer tant qu'ont duré ses frères ;
Mais comme il s'est vu seul contre trois adversaires,
1005 Près d'être enfermé d'eux, sa fuite l'a sauvé.

Le vieil Horace

Et nos soldats trahis ne l'ont point achevé !
Dans leurs rangs à ce lâche ils ont donné retraite !

Julie

Je n'ai rien voulu voir après cette défaite.

Camille

O mes frères !

LE VIEIL HORACE

                Tout beau, ne les pleurez pas tous;
1010 Deux jouissent d'un sort dont leur père est jaloux.
Que des plus nobles fleurs leur tombe soit couverte;
La gloire de leur mort m'a payé de leur perte :
Ce bonheur a suivi leur courage invaincu,
Qu'ils ont vu Rome libre autant qu'ils ont vécu,
1015 Et ne l'auront point vue obéir qu'à son prince,
Ni d'un État voisin devenir la province.
Pleurez l'autre, pleurez l'irréparable affront
Que sa fuite honteuse imprime à notre front;
Pleurez le déshonneur de toute notre race,
1020 Et l'opprobre éternel qu'il laisse au nom d'Horace.

JULIE

Que vouliez-vous qu'il fît contre trois?

LE VIEIL HORACE

                              Qu'il mourût,
Ou qu'un beau désespoir alors le secourût.
N'eût-il que d'un moment reculé sa défaite,
Rome eût été du moins un peu plus tard sujette;
1025 Il eût avec honneur laissé mes cheveux gris,
Et c'était de sa vie un assez digne prix.
    Il est de tout son sang comptable à sa patrie,
Chaque goutte épargnée a sa gloire flétrie;
Chaque instant de sa vie, après ce lâche tour,
1030 Met d'autant plus ma honte avec la sienne au jour.
J'en romprai bien le cours, et ma juste colère,
Contre un indigne fils usant des droits d'un père,
Saura bien faire voir, dans sa punition,
L'éclatant désaveu d'une telle action.

SABINE

1035 Écoutez un peu moins ces ardeurs généreuses,
Et ne nous rendez point tout à fait malheureuses.

LE VIEIL HORACE

Sabine, votre cœur se console aisément;
Nos malheurs jusqu'ici vous touchent faiblement.
Vous n'avez point encor de part à nos misères;
1040 Le ciel vous a sauvé votre époux et vos frères :
Si nous sommes sujets, c'est de votre pays :
Vos frères sont vainqueurs quand nous sommes trahis;

Et voyant le haut point où leur gloire se monte,
Vous regardez fort peu ce qui nous vient de honte.
1045 Mais votre trop d'amour pour cet infâme époux
Vous donnera bientôt à plaindre comme à nous :
Vos pleurs en sa faveur sont de faibles défenses ;
J'atteste des grands dieux les suprêmes puissances,
Qu'avant ce jour fini, ces mains, ces propres mains
1050 Laveront dans son sang la honte des Romains.

Sabine

Suivons-le promptement, la colère l'emporte.
Dieux ! verrons-nous toujours des malheurs de la sorte ?
Nous faudra-t-il toujours en craindre de plus grands,
Et toujours redouter la main de nos parents ?

ACTE IV

SCÈNE PREMIÈRE

LE VIEIL HORACE, CAMILLE

Le vieil Horace

1055 Ne me parlez jamais en faveur d'un infâme ;
Qu'il me fuie à l'égal des frères de sa femme :
Pour conserver un sang qu'il tient si précieux,
Il n'a rien fait encor s'il n'évite mes yeux.
Sabine y peut mettre ordre, ou derechef j'atteste
1060 Le souverain pouvoir de la troupe céleste...

Camille

Ah ! mon père, prenez un plus doux sentiment ;
Vous verrez Rome même en user autrement ;
Et de quelque malheur que le ciel l'ait comblée,
Excuser la vertu sous le nombre accablée.

Le vieil Horace

1065 Le jugement de Rome est peu pour mon regard,
Camille, je suis père, et j'ai mes droits à part.
Je sais trop comme agit la vertu véritable :
C'est sans en triompher que le nombre l'accable ;
Et sa mâle vigueur, toujours en même point,

Succombe sous la force, et ne lui cède point.
Taisez-vous, et sachons ce que nous veut Valère.

SCÈNE II

LE VIEIL HORACE, VALÈRE, CAMILLE

VALÈRE

Envoyé par le roi pour consoler un père,
Et pour lui témoigner...

LE VIEIL HORACE

N'en prenez aucun soin :
C'est un soulagement dont je n'ai pas besoin ;
Et j'aime mieux voir morts que couverts d'infamie
Ceux que vient de m'ôter une main ennemie.
Tous deux pour leur pays sont morts en gens d'honneur ;
Il me suffit.

VALÈRE

Mais l'autre est un rare bonheur ;
De tous les trois chez vous il doit tenir la place.

LE VIEIL HORACE

Que n'a-t-on vu périr en lui le nom d'Horace !

VALÈRE

Seul vous le maltraitez après ce qu'il a fait.

LE VIEIL HORACE

C'est à moi seul aussi de punir son forfait.

VALÈRE

Quel forfait trouvez-vous en sa bonne conduite ?

LE VIEIL HORACE

Quel éclat de vertu trouvez-vous en sa fuite ?

VALÈRE

La fuite est glorieuse en cette occasion.

LE VIEIL HORACE

Vous redoublez ma honte et ma confusion.

Certes, l'exemple est rare et digne de mémoire
De trouver dans la fuite un chemin à la gloire.

VALÈRE

Quelle confusion, et quelle honte à vous
1090 D'avoir produit un fils qui nous conserve tous,
Qui fait triompher Rome, et lui gagne un empire?
A quels plus grands honneurs faut-il qu'un père aspire?

LE VIEIL HORACE

Quels honneurs, quel triomphe, et quel empire enfin,
Lorsqu'Albe sous ses lois range notre destin?

VALÈRE

1095 Que parlez-vous ici d'Albe et de sa victoire?
Ignorez-vous encor la moitié de l'histoire?

LE VIEIL HORACE

Je sais que par sa fuite il a trahi l'État.

VALÈRE

Oui, s'il eût en fuyant terminé le combat;
Mais on a bientôt vu qu'il ne fuyait qu'en homme
1100 Qui savait ménager l'avantage de Rome.

LE VIEIL HORACE

Quoi, Rome donc triomphe!

VALÈRE

                    Apprenez, apprenez
La valeur de ce fils qu'à tort vous condamnez.
Resté seul contre trois, mais en cette aventure
Tous trois étant blessés, et lui seul sans blessure,
1105 Trop faible pour eux tous, trop fort pour chacun d'eux,
Il sait bien se tirer d'un pas si dangereux;
Il fuit pour mieux combattre, et cette prompte ruse
Divise adroitement trois frères qu'elle abuse.
Chacun le suit d'un pas ou plus ou moins pressé,
1110 Selon qu'il se rencontre ou plus ou moins blessé;
Leur ardeur est égale à poursuivre sa fuite;
Mais leurs coups inégaux séparent leur poursuite.
Horace, les voyant l'un de l'autre écartés,
Se retourne, et déjà les croit demi-domptés:
1115 Il attend le premier, et c'était votre gendre.

L'autre, tout indigné qu'il ait osé l'attendre,
En vain en l'attaquant fait paraître un grand cœur,
Le sang qu'il a perdu ralentit sa vigueur.
 Albe à son tour commence à craindre un sort contraire;
1120 Elle crie au second qu'il secoure son frère;
Il se hâte et s'épuise en efforts superflus;
Il trouve en les joignant que son frère n'est plus.

CAMILLE

Hélas!

VALÈRE

 Tout hors d'haleine il prend pourtant sa place,
Et redouble bientôt la victoire d'Horace :
1125 Son courage sans force est un débile appui;
Voulant venger son frère, il tombe auprès de lui.
L'air résonne des cris qu'au ciel chacun envoie;
Albe en jette d'angoisse, et les Romains de joie.
 Comme notre héros se voit près d'achever,
1130 C'est peu pour lui de vaincre, il veut encor braver :
« J'en viens d'immoler deux aux mânes de mes frères;
Rome aura le dernier de mes trois adversaires;
C'est à ses intérêts que je vais l'immoler »,
Dit-il; et tout d'un temps on le voit y voler.
1135 La victoire entre eux deux n'était pas incertaine;
L'Albain percé de coups ne se traînait qu'à peine,
Et comme une victime aux marches de l'autel,
Il semblait présenter sa gorge au coup mortel :
Aussi le reçoit-il, peu s'en faut, sans défense,
1140 Et son trépas de Rome établit la puissance.

LE VIEIL HORACE

O mon fils! ô ma joie! ô l'honneur de nos jours!
O d'un État penchant l'inespéré secours!
Vertu digne de Rome, et sang digne d'Horace!
Appui de ton pays, et gloire de ta race!
1145 Quand pourrai-je étouffer dans tes embrassements
L'erreur dont j'ai formé de si faux sentiments?
Quand pourra mon amour baigner avec tendresse
Ton front victorieux de larmes d'allégresse?

VALÈRE

Vos caresses bientôt pourront se déployer :
1150 Le roi dans un moment vous le va renvoyer,
Et remet à demain la pompe qu'il prépare

D'un sacrifice aux dieux pour un bonheur si rare ;
Aujourd'hui seulement on s'acquitte vers eux
Par des chants de victoire et par de simples vœux.
1155 C'est où le roi le mène, et tandis il m'envoie
Faire office vers vous de douleur et de joie ;
Mais cet office encor n'est pas assez pour lui ;
Il y viendra lui-même, et peut-être aujourd'hui :
Il croit mal reconnaître une vertu si pure
1160 Si de sa propre bouche il ne vous en assure,
S'il ne vous dit chez vous combien vous doit l'État.

LE VIEIL HORACE

De tels remerciements ont pour moi trop d'éclat.
Et je me tiens déjà trop payé par les vôtres
Du service d'un fils et du sang des deux autres.

VALÈRE

1165 Il ne sait ce que c'est d'honorer à demi ;
Et son sceptre arraché des mains de l'ennemi
Fait qu'il tient cet honneur qu'il lui plaît de vous faire
Au-dessous du mérite et du fils et du père.
Je vais lui témoigner quels nobles sentiments
1170 La vertu vous inspire en tous vos mouvements,
Et combien vous montrez d'ardeur pour son service.

LE VIEIL HORACE

Je vous devrai beaucoup pour un si bon office.

SCÈNE III

LE VIEIL HORACE, CAMILLE

LE VIEIL HORACE

Ma fille, il n'est plus temps de répandre des pleurs,
Il sied mal d'en verser où l'on voit tant d'honneurs :
1175 On pleure injustement des pertes domestiques,
Quand on en voit sortir des victoires publiques.
Rome triomphe d'Albe, et c'est assez pour nous :
Tous nos maux à ce prix doivent nous être doux.
En la mort d'un amant vous ne perdez qu'un homme
1180 Dont la perte est aisée à réparer dans Rome ;
Après cette victoire, il n'est point de Romain
Qui ne soit glorieux de vous donner la main.
Il me faut à Sabine en porter la nouvelle ;
Ce coup sera sans doute assez rude pour elle,
1185 Et ses trois frères morts par la main d'un époux

Lui donneront des pleurs bien plus justes qu'à vous;
Mais j'espère aisément en dissiper l'orage,
Et qu'un peu de prudence aidant son grand courage
Fera bientôt régner sur un si noble cœur
1190 Le généreux amour qu'elle doit au vainqueur.
Cependant étouffez cette lâche tristesse;
Recevez-le, s'il vient, avec moins de faiblesse;
Faites-vous voir sa sœur, et qu'en un même flanc
Le ciel vous a tous deux formés d'un même sang.

SCÈNE IV

CAMILLE

1195 Oui, je lui ferai voir, par d'infaillibles marques,
Qu'un véritable amour brave la main des Parques,
Et ne prend point de lois de ces cruels tyrans
Qu'un astre injurieux nous donne pour parents.
Tu blâmes ma douleur, tu l'oses nommer lâche;
1200 Je l'aime d'autant plus que plus elle te fâche,
Impitoyable père, et par un juste effort
Je la veux rendre égale aux rigueurs de mon sort.
   En vit-on jamais un dont les rudes traverses
Prissent en moins de rien tant de faces diverses?
1205 Qui fût doux tant de fois, et tant de fois cruel,
Et portât tant de coups avant le coup mortel?
Vit-on jamais une âme en un jour plus atteinte
De joie et de douleur, d'espérance et de crainte,
Asservie en esclave à plus d'événements,
1210 Et le piteux jouet de plus de changements?
Un oracle m'assure, un songe me travaille;
La paix calme l'effroi que me fait la bataille;
Mon hymen se prépare, et presque en un moment
Pour combattre mon frère on choisit mon amant;
1215 Ce choix me désespère, et tous le désavouent;
La partie est rompue, et les dieux la renouent;
Rome semble vaincue, et seul des trois Albains,
Curiace en mon sang n'a point trempé ses mains.
O dieux! sentais-je alors des douleurs trop légères
1220 Pour le malheur de Rome et la mort de deux frères?
Et me flattais-je trop quand je croyais pouvoir
L'aimer encor sans crime et nourrir quelque espoir?
Sa mort m'en punit bien, et la façon cruelle
Dont mon âme éperdue en reçoit la nouvelle:
1225 Son rival me l'apprend, et, faisant à mes yeux
D'un si triste succès le récit odieux,

Il porte sur le front une allégresse ouverte,
Que le bonheur public fait bien moins que ma perte,
Et bâtissant en l'air sur le malheur d'autrui,
1230 Aussi bien que mon frère il triomphe de lui.
Mais ce n'est rien encore au prix de ce qui reste :
On demande ma joie en un jour si funeste.
Il me faut applaudir aux exploits du vainqueur,
Et baiser une main qui me perce le cœur.
1235 En un sujet de pleurs si grand, si légitime,
Se plaindre est une honte, et soupirer un crime ;
Leur brutale vertu veut qu'on s'estime heureux,
Et si l'on n'est barbare on n'est point généreux.
    Dégénérons, mon cœur, d'un si vertueux père ;
1240 Soyons indigne sœur d'un si généreux frère :
C'est gloire de passer pour un cœur abattu,
Quand la brutalité fait la haute vertu.
Éclatez, mes douleurs ; à quoi bon vous contraindre ?
Quand on a tout perdu, que saurait-on plus craindre ?
1245 Pour ce cruel vainqueur n'ayez point de respect ;
Loin d'éviter ses yeux, croissez à son aspect ;
Offensez sa victoire, irritez sa colère,
Et prenez, s'il se peut, plaisir à lui déplaire.
Il vient ; préparons-nous à montrer constamment
1250 Ce que doit une amante à la mort d'un amant.

SCÈNE V

HORACE, CAMILLE, PROCULE

Procule porte en sa main les trois épées des Curiaces.

HORACE

Ma sœur, voici le bras qui venge nos deux frères,
Le bras qui rompt le cours de nos destins contraires,
Qui nous rend maîtres d'Albe ; enfin voici le bras
Qui seul fait aujourd'hui le sort de deux États ;
1255 Vois ces marques d'honneur, ces témoins de ma gloire,
Et rends ce que tu dois à l'heur de ma victoire.

CAMILLE

Recevez donc mes pleurs, c'est ce que je lui dois.

HORACE

Rome n'en veut point voir après de tels exploits,
Et nos deux frères morts dans le malheur des armes

1260 Sont trop payés de sang pour exiger des larmes :
Quand la perte est vengée, on n'a plus rien perdu.

CAMILLE

Puisqu'ils sont satisfaits par le sang épandu,
Je cesserai pour eux de paraître affligée,
Et j'oublierai leur mort que vous avez vengée ;
1265 Mais qui me vengera de celle d'un amant
Pour me faire oublier sa perte en un moment ?

HORACE

Que dis-tu, malheureuse ?

CAMILLE

O mon cher Curiace !

HORACE

O d'une indigne sœur insupportable audace !
D'un ennemi public dont je reviens vainqueur
1270 Le nom est dans ta bouche et l'amour dans ton cœur !
Ton ardeur criminelle à la vengeance aspire !
Ta bouche la demande, et ton cœur la respire !
Suis moins ta passion, règle mieux tes désirs,
Ne me fais plus rougir d'entendre tes soupirs :
1275 Tes flammes désormais doivent être étouffées ;
Bannis-les de ton âme, et songe à mes trophées ;
Qu'ils soient dorénavant ton unique entretien.

CAMILLE

Donne-moi donc, barbare, un cœur comme le tien ;
Et si tu veux enfin que je t'ouvre mon âme,
1280 Rends-moi mon Curiace, ou laisse agir ma flamme ;
Ma joie et mes douleurs dépendaient de son sort ;
Je l'adorais vivant, et je le pleure mort.
  Ne cherche plus ta sœur où tu l'avais laissée ;
Tu ne revois en moi qu'une amante offensée,
1285 Qui, comme une furie attachée à tes pas,
Te veut incessamment reprocher son trépas.
Tigre altéré de sang, qui me défends les larmes,
Qui veux que dans sa mort je trouve encor des charmes,
Et que jusques au ciel élevant tes exploits,
1290 Moi-même je le tue une seconde fois !
Puissent tant de malheurs accompagner ta vie,
Que tu tombes au point de me porter envie !
Et toi bientôt souiller par quelque lâcheté
Cette gloire si chère à ta brutalité !

Horace

1295 O ciel! qui vit jamais une pareille rage!
Crois-tu donc que je sois insensible à l'outrage,
Que je souffre en mon sang ce mortel déshonneur?
Aime, aime cette mort qui fait notre bonheur,
Et préfère du moins au souvenir d'un homme
1300 Ce que doit ta naissance aux intérêts de Rome.

Camille

Rome, l'unique objet de mon ressentiment!
Rome, à qui vient ton bras d'immoler mon amant!
Rome, qui t'a vu naître, et que ton cœur adore!
Rome enfin que je hais parce qu'elle t'honore!
1305 Puissent tous ses voisins ensemble conjurés
Saper ses fondements encor mal assurés!
Et si ce n'est assez de toute l'Italie,
Que l'Orient contre elle à l'Occident s'allie;
Que cent peuples unis des bouts de l'univers
1310 Passent pour la détruire et les monts et les mers!
Qu'elle-même sur soi renverse ses murailles,
Et de ses propres mains déchire ses entrailles;
Que le courroux du ciel allumé par mes vœux
Fasse pleuvoir sur elle un déluge de feux!
1315 Puissé-je de mes yeux y voir tomber ce foudre,
Voir ses maisons en cendre, et tes lauriers en poudre,
Voir le dernier Romain à son dernier soupir,
Moi seule en être cause, et mourir de plaisir!

Horace, *mettant la main à l'épée, et poursuivant sa sœur qui s'enfuit.*

C'est trop, ma patience à la raison fait place;
1320 Va dedans les enfers plaindre ton Curiace!

Camille, *blessée derrière le théâtre.*

Ah! traître!

Horace, *revenant sur le théâtre.*

Ainsi reçoive un châtiment soudain
Quiconque ose pleurer un ennemi romain!

SCÈNE VI

HORACE, PROCULE

Procule

Que venez-vous de faire?

HORACE

Un acte de justice ;
Un semblable forfait veut un pareil supplice.

PROCULE

1325 Vous deviez la traiter avec moins de rigueur.

HORACE

Ne me dis point qu'elle est et mon sang et ma sœur.
Mon père ne peut plus l'avouer pour sa fille :
Qui maudit son pays renonce à sa famille ;
Des noms si pleins d'amour ne lui sont plus permis ;
1330 De ses plus chers parents il fait ses ennemis ;
Le sang même les arme en haine de son crime.
La plus prompte vengeance en est plus légitime ;
Et ce souhait impie, encore qu'impuissant,
Est un monstre qu'il faut étouffer en naissant.

SCÈNE VII

HORACE, SABINE, PROCULE

SABINE

1335 A quoi s'arrête ici ton illustre colère ?
Viens voir mourir ta sœur dans les bras de ton père,
Viens repaître tes yeux d'un spectacle si doux ;
Ou, si tu n'es point las de ces généreux coups,
Immole au cher pays des vertueux Horaces
1340 Ce reste malheureux du sang des Curiaces.
Si prodigue du tien, n'épargne pas le leur ;
Joins Sabine à Camille, et ta femme à ta sœur ;
Nos crimes sont pareils, ainsi que nos misères ;
Je soupire comme elle, et déplore mes frères :
1345 Plus coupable en ce point contre tes dures lois,
Qu'elle n'en pleurait qu'un, et que j'en pleure trois,
Qu'après son châtiment ma faute continue.

HORACE

Sèche tes pleurs, Sabine, ou les cache à ma vue.
Rends-toi digne du nom de ma chaste moitié,
1350 Et ne m'accable point d'une indigne pitié.
Si l'absolu pouvoir d'une pudique flamme

Ne nous laisse à tous deux qu'un penser et qu'une âme,
C'est à toi d'élever tes sentiments aux miens,
Non à moi de descendre à la honte des tiens.
1355 Je t'aime, et je connais la douleur qui te presse ;
Embrasse ma vertu pour vaincre ta faiblesse,
Participe à ma gloire au lieu de la souiller,
Tâche à t'en revêtir, non à m'en dépouiller.
Es-tu de mon honneur si mortelle ennemie,
1360 Que je te plaise mieux couvert d'une infamie ?
Sois plus femme que sœur, et te réglant sur moi
Fais-toi de mon exemple une immuable loi.

Sabine

Cherche pour t'imiter des âmes plus parfaites.
Je ne t'impute point les pertes que j'ai faites,
1365 J'en ai les sentiments que je dois en avoir,
Et je m'en prends au sort plutôt qu'à ton devoir ;
Mais enfin, je renonce à la vertu romaine,
Si pour la posséder je dois être inhumaine,
Et ne puis voir en moi la femme du vainqueur,
1370 Sans y voir des vaincus la déplorable sœur.
  Prenons part en public aux victoires publiques,
Pleurons dans la maison nos malheurs domestiques,
Et ne regardons point des biens communs à tous,
Quand nous voyons des maux qui ne sont que pour nous.
1375 Pourquoi veux-tu, cruel, agir d'une autre sorte ?
Laisse en entrant ici tes lauriers à la porte,
Mêle tes pleurs aux miens. Quoi ? ces lâches discours
N'arment point ta vertu contre mes tristes jours ?
Mon crime redoublé n'émeut point ta colère ?
1380 Que Camille est heureuse ! elle a pu te déplaire ;
Elle a reçu de toi ce qu'elle a prétendu,
Et recouvre là-bas tout ce qu'elle a perdu.
Cher époux, cher auteur du tourment qui me presse,
Écoute la pitié, si ta colère cesse ;
1385 Exerce l'une ou l'autre, après de tels malheurs,
A punir ma faiblesse, ou finir mes douleurs :
Je demande la mort pour grâce, ou pour supplice ;
Qu'elle soit un effet d'amour ou de justice,
N'importe : tous ses traits n'auront rien que de doux,
1390 Si je les vois partir de la main d'un époux.

Horace

Quelle injustice aux dieux d'abandonner aux femmes
Un empire si grand sur les plus belles âmes,
Et de se plaire à voir de si faibles vainqueurs

Régner si puissamment sur les plus nobles cœurs !
1395 A quel point ma vertu devient-elle réduite !
Rien ne la saurait plus garantir que la fuite.
Adieu. Ne me suis point, ou retiens tes soupirs.

SABINE, *seule*.

O colère, ô pitié, sourdes à mes désirs,
Vous négligez mon crime, et ma douleur vous lasse,
1400 Et je n'obtiens de vous ni supplice, ni grâce !
Allons-y par nos pleurs faire encore un effort,
Et n'employons après que nous à notre mort.

ACTE V

SCÈNE PREMIÈRE

LE VIEIL HORACE, HORACE

LE VIEIL HORACE

Retirons nos regards de cet objet funeste,
Pour admirer ici le jugement céleste :
1405 Quand la gloire nous enfle, il sait bien comme il faut
Confondre notre orgueil qui s'élève trop haut.
Nos plaisirs les plus doux ne vont point sans tristesse ;
Il mêle à nos vertus des marques de faiblesse,
Et rarement accorde à notre ambition
1410 L'entier et pur honneur d'une bonne action.
Je ne plains point Camille ; elle était criminelle ;
Je me tiens plus à plaindre, et je te plains plus qu'elle :
Moi, d'avoir mis au jour un cœur si peu romain ;
Toi, d'avoir par sa mort déshonoré ta main.
1415 Je ne la trouve point injuste ni trop prompte ;
Mais tu pouvais, mon fils, t'en épargner la honte ;
Son crime, quoique énorme et digne du trépas,
Était mieux impuni que puni par ton bras.

HORACE

Disposez de mon sang, les lois vous en font maître ;
1420 J'ai cru devoir le sien aux lieux qui m'ont vu naître.
Si dans vos sentiments mon zèle est criminel,
S'il m'en faut recevoir un reproche éternel,
Si ma main en devient honteuse et profanée,

Vous pouvez d'un seul mot trancher ma destinée :
1425 Reprenez tout ce sang de qui ma lâcheté
A si brutalement souillé la pureté.
Ma main n'a pu souffrir de crime en votre race ;
Ne souffrez point de tache en la maison d'Horace.
C'est en ces actions dont l'honneur est blessé
1430 Qu'un père tel que vous se montre intéressé ;
Son amour doit se taire où toute excuse est nulle ;
Lui-même il y prend part lorsqu'il les dissimule ;
Et de sa propre gloire il fait trop peu de cas
Quand il ne punit point ce qu'il n'approuve pas.

LE VIEIL HORACE

1435 Il n'use pas toujours d'une rigueur extrême ;
Il épargne ses fils bien souvent pour soi-même ;
Sa vieillesse sur eux aime à se soutenir,
Et ne les punit point de peur de se punir.
Je te vois d'un autre œil que tu ne te regardes ;
1440 Je sais... Mais le roi vient, je vois entrer ses gardes.

SCÈNE II

TULLE, VALÈRE, LE VIEIL HORACE,
HORACE, TROUPE DE GARDES

LE VIEIL HORACE

Ah ! sire ! un tel honneur a trop d'excès pour moi ;
Ce n'est point en ce lieu que je dois voir mon roi :
Permettez qu'à genoux...

TULLE

Non, levez-vous, mon père.
Je fais ce qu'en ma place un bon prince doit faire.
1445 Un si rare service et si fort important
Veut l'honneur le plus rare et le plus éclatant.
Vous en aviez déjà sa parole pour gage ;
Je ne l'ai pas voulu différer davantage.
J'ai su par son rapport, et je n'en doutais pas,
1450 Comme de vos deux fils vous portez le trépas,
Et que, déjà votre âme étant trop résolue,
Ma consolation vous serait superflue ;
Mais je viens de savoir quel étrange malheur
D'un fils victorieux a suivi la valeur,
1455 Et que son trop d'amour pour la cause publique,

Par ses mains, à son père ôte une fille unique.
Ce coup est un peu rude à l'esprit le plus fort;
Et je doute comment vous portez cette mort.

LE VIEIL HORACE

Sire, avec déplaisir, mais avec patience.

TULLE

1460 C'est l'effet vertueux de votre expérience.
Beaucoup par un long âge ont appris comme vous
Que le malheur succède au bonheur le plus doux;
Peu savent comme vous s'appliquer ce remède,
Et dans leur intérêt toute leur vertu cède.
1465 Si vous pouvez trouver dans ma compassion
Quelque soulagement pour votre affliction,
Ainsi que votre mal sachez qu'elle est extrême,
Et que je vous en plains autant que je vous aime.

VALÈRE

Sire, puisque le ciel entre les mains des rois
1470 Dépose sa justice et la force des lois,
Et que l'État demande aux princes légitimes
Des prix pour les vertus, des peines pour les crimes,
Souffrez qu'un bon sujet vous fasse souvenir
Que vous plaignez beaucoup ce qu'il vous faut punir.
1475 Souffrez...

LE VIEIL HORACE

Quoi? qu'on envoie un vainqueur au supplice?

TULLE

Permettez qu'il achève, et je ferai justice :
J'aime à la rendre à tous, à toute heure, en tout lieu;
C'est par elle qu'un roi se fait un demi-dieu;
Et c'est dont je vous plains qu'après un tel service
1480 On puisse contre lui me demander justice.

VALÈRE

Souffrez donc, ô grand roi, le plus juste des rois,
Que tous les gens de bien vous parlent par ma voix.
Non que nos cœurs jaloux de ses honneurs s'irritent;
S'il en reçoit beaucoup, ses hauts faits le méritent;
1485 Ajoutez-y plutôt que d'en diminuer;
Nous sommes tous encor prêts d'y contribuer.

Mais, puisque d'un tel crime il s'est montré capable,
Qu'il triomphe en vainqueur, et périsse en coupable.
Arrêtez sa fureur, et sauvez de ses mains,
1490 Si vous voulez régner, le reste des Romains :
Il y va de la perte ou du salut du reste.
  La guerre avait un cours si sanglant, si funeste,
Et les nœuds de l'hymen, durant nos bons destins,
Ont tant de fois uni des peuples si voisins,
1495 Qu'il est peu de Romains que le parti contraire
N'intéresse en la mort d'un gendre ou d'un beau-frère,
Et qui ne soient forcés de donner quelques pleurs,
Dans le bonheur public, à leurs propres malheurs.
Si c'est offenser Rome, et que l'heur de ses armes
1500 L'autorise à punir ce crime de nos larmes,
Quel sang épargnera ce barbare vainqueur,
Qui ne pardonne pas à celui de sa sœur,
Et ne peut excuser cette douleur pressante
Que la mort d'un amant jette au cœur d'une amante,
1505 Quand, près d'être éclairés du nuptial flambeau,
Elle voit avec lui son espoir au tombeau ?
Faisant triompher Rome, il se l'est asservie ;
Il a sur nous un droit et de mort et de vie ;
Et nos jours criminels ne pourront plus durer
1510 Qu'autant qu'à sa clémence il plaira l'endurer.
  Je pourrais ajouter aux intérêts de Rome,
Combien un pareil coup est indigne d'un homme ;
Je pourrais demander qu'on mît devant vos yeux
Ce grand et rare exploit d'un bras victorieux :
1515 Vous verriez un beau sang, pour accuser sa rage,
D'un frère si cruel rejaillir au visage ;
Vous verriez des horreurs qu'on ne peut concevoir ;
Son âge et sa beauté vous pourraient émouvoir ;
Mais je hais ces moyens qui sentent l'artifice.
1520 Vous avez à demain remis le sacrifice ;
Pensez-vous que les dieux, vengeurs des innocents,
D'une main parricide acceptent de l'encens ?
Sur vous ce sacrilège attirerait sa peine ;
Ne le considérez qu'en objet de leur haine
1525 Et croyez avec nous qu'en tous ses trois combats
Le bon destin de Rome a plus fait que son bras,
Puisque ces mêmes dieux, auteurs de sa victoire,
Ont permis qu'aussitôt il en souillât la gloire,
Et qu'un si grand courage, après ce noble effort,
1530 Fût digne en même jour de triomphe et de mort.
Sire, c'est ce qu'il faut que votre arrêt décide.
En ce lieu Rome a vu le premier parricide ;
La suite en est à craindre, et la haine des cieux.

Sauvez-nous de sa main, et redoutez les dieux.

TULLE

1535 Défendez-vous, Horace.

HORACE

A quoi bon me défendre?
Vous savez l'action, vous la venez d'entendre;
Ce que vous en croyez me doit être une loi.
  Sire, on se défend mal contre l'avis d'un roi;
Et le plus innocent devient soudain coupable,
1540 Quand aux yeux de son prince il paraît condamnable.
C'est crime qu'envers lui se vouloir excuser:
Notre sang est son bien, il en peut disposer;
Et c'est à nous de croire, alors qu'il en dispose,
Qu'il ne s'en prive point sans une juste cause.
1545 Sire, prononcez donc, je suis prêt d'obéir:
D'autres aiment la vie, et je la dois haïr.
Je ne reproche point à l'ardeur de Valère
Qu'en amant de la sœur il accuse le frère:
Mes vœux avec les siens conspirent aujourd'hui;
1550 Il demande ma mort, je la veux comme lui.
Un seul point entre nous met cette différence,
Que mon honneur par là cherche son assurance,
Et qu'à ce même but nous voulons arriver,
Lui pour flétrir ma gloire, et moi pour la sauver.
1555 Sire, c'est rarement qu'il s'offre une matière
A montrer d'un grand cœur la vertu toute entière.
Suivant l'occasion elle agit plus ou moins,
Et paraît forte ou faible aux yeux de ses témoins.
Le peuple, qui voit tout seulement par l'écorce,
1560 S'attache à son effet pour juger de sa force;
Il veut que ses dehors gardent un même cours,
Qu'ayant fait un miracle, elle en fasse toujours:
Après une action pleine, haute, éclatante,
Tout ce qui brille moins remplit mal son attente:
1565 Il veut qu'on soit égal en tout temps, en tous lieux;
Il n'examine point si lors on pouvait mieux,
Ni que, s'il ne voit pas sans cesse une merveille,
L'occasion est moindre, et la vertu pareille:
Son injustice accable et détruit les grands noms;
1570 L'honneur des premiers faits se perd par les seconds;
Et quand la renommée a passé l'ordinaire,
Si l'on n'en veut déchoir, il faut ne plus rien faire.
  Je ne vanterai point les exploits de mon bras;
Votre majesté, sire, a vu mes trois combats:

1575 Il est bien malaisé qu'un pareil les seconde,
Qu'une autre occasion à celle-ci réponde,
Et que tout mon courage, après de si grands coups,
Parvienne à des succès qui n'aillent au-dessous;
Si bien que pour laisser une illustre mémoire,
1580 La mort seule aujourd'hui peut conserver ma gloire :
Encor la fallait-il sitôt que j'eus vaincu,
Puisque pour mon honneur j'ai déjà trop vécu.
Un homme tel que moi voit sa gloire ternie,
Quand il tombe en péril de quelque ignominie;
1585 Et ma main aurait su déjà m'en garantir;
Mais sans votre congé mon sang n'ose sortir;
Comme il vous appartient, votre aveu doit se prendre;
C'est vous le dérober qu'autrement le répandre.
Rome ne manque point de généreux guerriers;
1590 Assez d'autres sans moi soutiendront vos lauriers;
Que votre majesté désormais m'en dispense;
Et si ce que j'ai fait vaut quelque récompense,
Permettez, ô grand roi, que de ce bras vainqueur
Je m'immole à ma gloire, et non pas à ma sœur.

SCÈNE III

TULLE, VALÈRE, LE VIEIL HORACE,
HORACE, SABINE

SABINE

1595 Sire, écoutez Sabine, et voyez dans son âme
Les douleurs d'une sœur, et celles d'une femme,
Qui, toute désolée, à vos sacrés genoux,
Pleure pour sa famille, et craint pour son époux.
Ce n'est pas que je veuille avec cet artifice
1600 Dérober un coupable au bras de la justice :
Quoi qu'il ait fait pour vous, traitez-le comme tel,
Et punissez en moi ce noble criminel;
De mon sang malheureux expiez tout son crime :
Vous ne changerez point pour cela de victime;
1605 Ce n'en sera point prendre une injuste pitié,
Mais en sacrifier la plus chère moitié.
Les nœuds de l'hyménée, et son amour extrême,
Font qu'il vit plus en moi qu'il ne vit en lui-même;
Et si vous m'accordez de mourir aujourd'hui,
1610 Il mourra plus en moi qu'il ne mourrait en lui;
La mort que je demande, et qu'il faut que j'obtienne,
Augmentera sa peine, et finira la mienne.

Sire, voyez l'excès de mes tristes ennuis,
Et l'effroyable état où mes jours sont réduits.
1615 Quelle horreur d'embrasser un homme dont l'épée
De toute ma famille a la trame coupée!
Et quelle impiété de haïr un époux
Pour avoir bien servi les siens, l'État et vous!
Aimer un bras souillé du sang de tous mes frères!
1620 N'aimer pas un mari qui finit nos misères!
Sire, délivrez-moi, par un heureux trépas,
Des crimes de l'aimer et de ne l'aimer pas;
J'en nommerai l'arrêt une faveur bien grande.
Ma main peut me donner ce que je vous demande;
1625 Mais ce trépas enfin me sera bien plus doux,
Si je puis de sa honte affranchir mon époux;
Si je puis par mon sang apaiser la colère
Des dieux qu'a pu fâcher sa vertu trop sévère,
Satisfaire, en mourant, aux mânes de sa sœur,
1630 Et conserver à Rome un si bon défenseur.

LE VIEIL HORACE, *au roi.*

Sire, c'est donc à moi de répondre à Valère.
Mes enfants avec lui conspirent contre un père;
Tous trois veulent me perdre, et s'arment sans raison
Contre si peu de sang qui reste en ma maison.

A Sabine.

1635 Toi qui, par des douleurs à ton devoir contraires,
Veux quitter un mari pour rejoindre tes frères,
Va plutôt consulter leurs mânes généreux;
Ils sont morts, mais pour Albe, et s'en tiennent heureux.
Puisque le ciel voulait qu'elle fût asservie,
1640 Si quelque sentiment demeure après la vie,
Ce mal leur semble moindre, et moins rudes ses coups,
Voyant que tout l'honneur en retombe sur nous;
Tous trois désavoueront la douleur qui te touche,
Les larmes de tes yeux, les soupirs de ta bouche,
1645 L'horreur que tu fais voir d'un mari vertueux.
Sabine, sois leur sœur, suis ton devoir comme eux.

Au roi.

Contre ce cher époux Valère en vain s'anime :
Un premier mouvement ne fut jamais un crime;
Et la louange est due, au lieu du châtiment,
1650 Quand la vertu produit ce premier mouvement.
Aimer nos ennemis avec idolâtrie,
De rage en leur trépas maudire la patrie,
Souhaiter à l'État un malheur infini,

C'est ce qu'on nomme crime, et ce qu'il a puni.
1655 Le seul amour de Rome a sa main animée :
Il serait innocent s'il l'avait moins aimée.
Qu'ai-je dit, sire ? il l'est, et ce bras paternel
L'aurai déjà puni s'il était criminel ;
J'aurais su mieux user de l'entière puissance
1660 Que me donnent sur lui les droits de la naissance ;
J'aime trop l'honneur, sire, et ne suis point de rang
A souffrir ni d'affront ni de crime en mon sang.
C'est dont je ne veux point de témoin que Valère ;
Il a vu quel accueil lui gardait ma colère,
1665 Lorsqu'ignorant encor la moitié du combat,
Je croyais que sa fuite avait trahi l'État.
Qui le fait se charger des soins de ma famille ?
Qui le fait, malgré moi, vouloir venger ma fille ?
Et par quelle raison, dans son juste trépas,
1670 Prend-il un intérêt qu'un père ne prend pas ?
On craint qu'après sa sœur il n'en maltraite d'autres !
Sire, nous n'avons part qu'à la honte des nôtres,
Et, de quelque façon qu'un autre puisse agir,
Qui ne nous touche point ne nous fait point rougir.

A Valère.

1675 Tu peux pleurer, Valère, et même aux yeux d'Horace !
Il ne prend intérêt qu'aux crimes de sa race :
Qui n'est point de son sang ne peut faire d'affront
Aux lauriers immortels qui lui ceignent le front.
Lauriers, sacrés rameaux qu'on veut réduire en poudre,
1680 Vous qui mettez sa tête à couvert de la foudre
L'abandonnerez-vous à l'infâme couteau
Qui fait choir les méchants sous la main d'un bourreau ?
Romains, souffrirez-vous qu'on vous immole un homme
Sans qui Rome aujourd'hui cesserait d'être Rome,
1685 Et qu'un Romain s'efforce à tacher le renom
D'un guerrier à qui tous doivent un si beau nom ?
Dis, Valère, dis-nous, si tu veux qu'il périsse,
Où tu penses choisir un lieu pour son supplice ?
Sera-ce entre ces murs que mille et mille voix
1690 Font résonner encor du bruit de ses exploits ?
Sera-ce hors des murs, au milieu de ces places
Qu'on voit fumer encor du sang des Curiaces,
Entre leurs trois tombeaux, et dans ce champ d'honneur
Témoin de sa vaillance et de notre bonheur ?
1695 Tu ne saurais cacher sa peine à sa victoire :
Dans les murs, hors des murs, tout parle de sa gloire,
Tout s'oppose à l'effort de ton injuste amour,
Qui veut d'un si bon sang souiller un si beau jour.

ACTE V, SCÈNE III

Albe ne pourra pas souffrir un tel spectacle,
Et Rome par ses pleurs y mettra trop d'obstacle.

Au roi.

Vous les préviendrez, sire; et par un juste arrêt
Vous saurez embrasser bien mieux son intérêt.
Ce qu'il a fait pour elle il peut encor le faire;
Il peut la garantir encor d'un sort contraire.
Sire, ne donnez rien à mes débiles ans :
Rome aujourd'hui m'a vu père de quatre enfants;
Trois en ce même jour sont morts pour sa querelle;
Il m'en reste encore un, conservez-le pour elle :
N'ôtez pas à ses murs un si puissant appui;
Et souffrez, pour finir, que je m'adresse à lui.

A Horace.

Horace, ne crois pas que le peuple stupide
Soit le maître absolu d'un renom bien solide.
Sa voix tumultueuse assez souvent fait bruit,
Mais un moment l'élève, un moment le détruit,
Et ce qu'il contribue à notre renommée
Toujours en moins de rien se dissipe en fumée.
C'est aux rois, c'est aux grands, c'est aux esprits bien faits
A voir la vertu pleine en ses moindres effets;
C'est d'eux seuls qu'on reçoit la véritable gloire;
Eux seuls des vrais héros assurent la mémoire.
Vis toujours en Horace; et toujours auprès d'eux
Ton nom demeurera grand, illustre, fameux,
Bien que l'occasion, moins haute ou moins brillante,
D'un vulgaire ignorant trompe l'injuste attente.
Ne hais donc plus la vie, et du moins vis pour moi,
Et pour servir encor ton pays et ton roi.
  Sire, j'en ai trop dit : mais l'affaire vous touche;
Et Rome toute entière a parlé par ma bouche.

Valère

Sire, permettez-moi...

Tulle

    Valère, c'est assez;
Vos discours par les leurs ne sont pas effacés;
J'en garde en mon esprit les forces plus pressantes,
Et toutes vos raisons me sont encor présentes.
Cette énorme action faite presque à nos yeux
Outrage la nature, et blesse jusqu'aux dieux.
Un premier mouvement qui produit un tel crime
Ne saurait lui servir d'excuse légitime :

Les moins sévères lois en ce point sont d'accord ;
Et si nous les suivons, il est digne de mort.
  Si d'ailleurs nous voulons regarder le coupable,
1740 Ce crime, quoique grand, énorme, inexcusable,
Vient de la même épée et part du même bras
Qui me fait aujourd'hui maître de deux États.
Deux sceptres en ma main, Albe à Rome asservie,
Parlent bien hautement en faveur de sa vie :
1745 Sans lui j'obéirais où je donne la loi,
Et je serais sujet où je suis deux fois roi.
Assez de bons sujets dans toutes les provinces
Par des vœux impuissants s'acquittent vers leurs princes ;
Tous les peuvent aimer, mais tous ne peuvent pas
1750 Par d'illustres effets assurer leurs États ;
Et l'art et le pouvoir d'affermir des couronnes
Sont des dons que le ciel fait à peu de personnes.
De pareils serviteurs sont les forces des rois,
Et de pareils aussi sont au-dessus des lois.
1755 Qu'elles se taisent donc ; que Rome dissimule
Ce que dès sa naissance elle vit en Romule,
Elle peut bien souffrir en son libérateur
Ce qu'elle a bien souffert en son premier auteur.
  Vis donc, Horace, vis, guerrier trop magnanime :
1760 Ta vertu met ta gloire au-dessus de ton crime ;
Sa chaleur généreuse a produit ton forfait ;
D'une cause si belle il faut souffrir l'effet.
Vis pour servir l'État ; vis, mais aime Valère :
Qu'il ne reste entre vous ni haine ni colère ;
1765 Et soit qu'il ait suivi l'amour ou le devoir,
Sans aucun sentiment résous-toi de le voir.
  Sabine, écoutez moins la douleur qui vous presse ;
Chassez de ce grand cœur ces marques de faiblesse :
C'est en séchant vos pleurs que vous vous montrerez
1770 La véritable sœur de ceux que vous pleurez.
  Mais nous devons aux dieux demain un sacrifice,
Et nous aurions le ciel à nos vœux mal propice,
Si nos prêtres, avant que de sacrifier,
Ne trouvaient les moyens de le purifier :
1775 Son père en prendra soin : il lui sera facile
D'apaisez tout d'un temps les mânes de Camille.
Je la plains ; et pour rendre à son sort rigoureux
Ce que peut souhaiter son esprit amoureux,
Puisqu'en un même jour l'ardeur d'un même zèle
1780 Achève le destin de son amant et d'elle,
Je veux qu'un même jour, témoin de leurs deux morts,
En un même tombeau voie enfermer leurs corps.

POLYEUCTE

MARTYR

Tragédie chrétienne

A LA REINE RÉGENTE

Madame,

Quelque connaissance que j'aie de ma faiblesse, quelque profond respect qu'imprime Votre Majesté dans les âmes de ceux qui l'approchent, j'avoue que je me jette à ses pieds sans timidité, sans défiance, et que je me tiens assuré de lui plaire, parce que je suis assuré de lui parler de ce qu'elle aime le mieux. Ce n'est qu'une pièce de théâtre que je lui présente, mais qui l'entretiendra de Dieu : la dignité de la matière est si haute, que l'impuissance de l'artisan ne la peut ravaler; et votre âme royale se plaît trop à cette sorte d'entretien pour s'offenser des défauts d'un ouvrage où elle rencontrera les délices de son cœur. C'est par là, Madame, que j'espère obtenir de Votre Majesté le pardon du long temps que j'ai attendu à lui rendre cette sorte d'hommage. Toutes les fois que j'ai mis sur notre scène des vertus morales ou politiques, j'en ai toujours cru les tableaux trop peu dignes de paraître devant elle, quand j'ai considéré qu'avec quelque soin que je les pusse choisir dans l'histoire, et quelques ornements dont l'artifice les pût enrichir, elle en voyait de plus grands exemples dans elle-même. Pour rendre les choses proportionnées, il fallait aller à la plus haute espèce, et n'entreprendre pas de rien offrir de cette nature à une reine très chrétienne, et qui l'est beaucoup plus encore par ses actions que par son titre, à moins que de lui offrir un portrait des vertus chrétiennes, dont l'amour et la gloire de Dieu formassent les plus beaux traits, et qui rendît les plaisirs qu'elle y pourra prendre aussi propres à exercer sa piété qu'à délasser son esprit. C'est à cette extraordinaire et admirable piété, Madame, que la France est redevable des bénédictions qu'elle voit tomber sur les premières armes de son roi; les heureux succès qu'elles ont obtenus en sont les rétributions éclatantes, et des coups du ciel qui répand abondamment sur tout le royaume les récompenses et les grâces que Votre Majesté a méritées. Notre perte semblait infaillible après celle de notre grand monarque; toute l'Europe avait déjà pitié de nous, et s'imaginait que nous nous allions précipiter dans un extrême désordre, parce qu'elle nous voyait dans une extrême désolation : cependant la prudence et les soins de Votre Majesté, les bons conseils qu'elle a pris, les grands courages qu'elle a choisis pour les exécuter ont agi si puissamment dans tous les besoins de l'État, que cette première année de sa régence a non seulement égalé les plus glorieuses de l'autre règne, mais a même effacé, par la prise de Thionville, le souvenir du malheur qui, devant ses murs, avait interrompu une si longue suite de victoires. Permettez que je me laisse emporter au ravissement que me donne cette pensée, et que je m'écrie dans ce transport :

> Que vos soins, grande reine, enfantent de miracles !
> Bruxelles et Madrid en sont tout interdits ;
> Et si notre Apollon me les avait prédits,
> J'aurais moi-même osé douter de ses oracles.
>
> Sous vos commandements on force tous obstacles,
> On porte l'épouvante aux cœurs les plus hardis,
> Et par des coups d'essai vos États agrandis
> Des drapeaux ennemis font d'illustres spectacles.
>
> La Victoire elle-même accourant à mon roi,
> Et mettant à ses pieds Thionville et Rocroi,
> Fait retentir ces vers sur les bords de la Seine :
>
> France, attends tout d'un règne ouvert en triomphant,
> Puisque tu vois déjà les ordres de ta reine
> Faire un foudre en tes mains des armes d'un enfant.

Il ne faut point douter que des commencements si merveilleux ne soient soutenus par des progrès encore plus étonnants. Dieu ne laisse point ses ouvrages imparfaits : il les achèvera, Madame, et rendra non seulement la régence de Votre Majesté, mais encore toute sa vie, un enchaînement continuel de prospérités. Ce sont les vœux de toute la France, et ce sont ceux que fait avec plus de zèle,

Madame,

De Votre Majesté,
Le très humble, très obéissant
et très fidèle serviteur et sujet,
P. CORNEILLE

ABRÉGÉ DU MARTYRE DE SAINT POLYEUCTE

ÉCRIT PAR SIMÉON MÉTAPHRASTE ET RAPPORTÉ PAR SURIUS

L'ingénieuse tissure des fictions avec la vérité, où consiste le plus beau secret de la poésie, produit d'ordinaire deux sortes d'effets selon la diversité des esprits qui la voient. Les uns se laissent si bien persuader à cet enchaînement, qu'aussitôt qu'ils ont remarqué quelques événements véritables, ils s'imaginent la même chose des motifs qui les font naître et des circonstances qui les accompagnent ; les autres, mieux avertis de notre artifice, soupçonnent de fausseté tout ce qui n'est pas de leur connaissance ; si bien que quand nous traitons quelque histoire écartée dont ils ne trouvent rien dans leur souvenir, ils l'attribuent tout entière à l'effort de notre imagination, et la prennent pour une aventure de roman.

L'un et l'autre de ces effets serait dangereux en cette rencontre : il y va de la gloire de Dieu, qui se plaît dans celle de ses saints, dont la mort si précieuse devant ses yeux ne doit pas passer pour fabuleuse devant ceux des hommes. Au lieu de sanctifier notre théâtre par sa représentation, nous y profanerions la sainteté de leurs souffrances, si nous permettions que la crédulité des uns et la défiance des autres, également abusées par ce mélange, se méprissent également en la vénération qui leur est due, et que les premiers la rendissent mal à propos à ceux qui ne la méritent pas, pendant que les autres la dénieraient à ceux à qui elle appartient.

Saint Polyeucte est un martyr dont, s'il m'est permis de parler ainsi, beaucoup ont plutôt appris le nom à la comédie qu'à l'église. Le *Martyrologe romain* en fait mention sur le 13 de février, mais en deux mots, suivant sa coutume ; Baronius, dans ses *Annales*, n'en dit qu'une ligne ; le seul Surius, ou plutôt Mosander, qui l'a augmenté dans les dernières impressions, en rapporte la mort assez au long sur le 9 de janvier ; et j'ai cru qu'il était de mon devoir d'en mettre ici l'abrégé. Comme il a été à propos d'en rendre la représentation agréable, afin que le plaisir pût en insinuer plus doucement l'utilité, et lui servir comme de véhicule pour la porter dans l'âme du peuple, il est juste aussi de lui donner cette lumière pour démêler la vérité d'avec ses ornements, et lui faire reconnaître ce qui lui doit imprimer du respect comme saint, et ce qui le doit seulement divertir comme industrieux. Voici donc ce que ce dernier nous apprend :

Polyeucte et Néarque étaient deux cavaliers étroitement liés ensemble d'amitié ; ils vivaient en l'an 250, sous l'empire de Décius ; leur demeure était dans Mélitène, capitale d'Arménie ; leur religion différente : Néarque étant chrétien, et Polyeucte suivant encore la secte des gentils, mais ayant toutes les qualités dignes d'un chrétien, et une grande inclination à le devenir. L'empereur ayant fait publier un édit très rigoureux contre les chrétiens, cette publication donna un grand trouble à Néarque, non par la crainte des supplices dont il était menacé, mais pour l'appréhension qu'il eut que leur amitié ne souffrît quelque séparation ou refroidissement par cet édit, vu les peines qui y étaient proposées à ceux de sa religion, et les honneurs promis à ceux du parti contraire ; il en conçut un si profond déplaisir, que son ami s'en aperçut ; et l'ayant obligé de lui en dire la cause, il prit de là occasion de lui ouvrir son cœur : « Ne craignez point, lui dit-il, que l'édit de l'empereur nous désunisse ; j'ai vu cette nuit le Christ que vous adorez ; il m'a dépouillé d'une robe sale pour me revêtir d'une autre toute lumineuse, et m'a fait monter sur un cheval ailé pour le suivre : cette vision m'a résolu entièrement à faire ce qu'il y a longtemps que je médite ; le seul nom de chrétien me manque ; et vous-même, toutes les fois que vous m'avez parlé de votre grand Messie, vous avez pu remarquer que je vous ai toujours écouté avec respect ; et quand vous m'avez lu sa vie et ses enseignements, j'ai toujours admiré la sainteté de ses actions et de ses discours. O Néarque ! si je ne me croyais pas indigne d'aller à lui sans être initié dans ses mystères et avoir reçu la grâce de ses sacrements, que vous verriez éclater l'ardeur que j'ai de mourir pour sa gloire et le soutien de ses éternelles vérités ! » Néarque l'ayant éclairci sur l'illusion du scrupule où il était par l'exemple du bon larron, qui en un moment mérita le ciel, bien qu'il n'eût pas reçu le baptême, aussitôt notre martyr, plein d'une sainte ferveur, prend l'édit de l'empereur, crache dessus, et le déchire en morceaux qu'il jette au vent ; et voyant des idoles que le peuple portait sur les autels pour les adorer, il les arrache à ceux qui les portaient, les brise contre terre et les foule aux pieds, étonnant tout le monde et son ami même par la chaleur de ce zèle qu'il n'avait pas espéré.

Son beau-père Félix, qui avait la commission de l'empereur pour persécuter les chrétiens, ayant vu lui-même ce qu'avait fait son gendre, saisi de douleur de voir l'espoir et l'appui de sa famille perdus, tâche d'ébranler sa constance, premièrement par de belles paroles, ensuite par des menaces, enfin par des coups qu'il lui fait donner par ses bourreaux sur tout le visage : mais n'en ayant pu venir à bout, pour dernier effort il lui envoie sa fille Pauline, afin de voir si ses larmes n'auraient point plus de pouvoir sur l'esprit d'un mari que n'avaient eu ses artifices et ses rigueurs. Il n'avance rien davantage par là ; au contraire, voyant que sa fermeté convertissait beaucoup de païens, il le condamne à perdre la tête. Cet arrêt fut exécuté sur l'heure ; et le saint martyr, sans autre baptême que de son sang, s'en alla prendre possession de la gloire que Dieu a promise à ceux qui renonceraient à eux-mêmes pour l'amour de lui.

Voilà en peu de mots ce qu'en dit Surius : le songe de Pauline, l'amour de Sévère, le baptême effectif de Polyeucte, le sacrifice pour la victoire de l'empereur, la dignité de Félix que je fais gouverneur d'Arménie, la mort de Néarque, la conversion de Félix et de Pauline, sont des inventions et des embellissements de théâtre. La seule victoire de l'empereur contre les Perses a quelque fondement dans l'histoire; et, sans chercher d'autres auteurs, elle est rapportée par M. Cœffeteau dans son *Histoire romaine*; mais il ne dit pas, ni qu'il leur imposa tribut, ni qu'il envoya faire des sacrifices de remerciement en Arménie.

Si j'ai ajouté ces incidents et ces particularités selon l'art ou non, les savants en jugeront; mon but ici n'est pas de les justifier, mais seulement d'avertir le lecteur de ce qu'il en peut croire.

EXAMEN (1660)

Ce martyre est rapporté par Surius sur le neuvième de janvier. Polyeucte vivait en l'année 250, sous l'empereur Décius. Il était Arménien, ami de Néarque, et gendre de Félix, qui avait la commission de l'empereur pour faire exécuter ses édits contre les chrétiens. Cet ami l'ayant résolu à se faire chrétien, il déchira ces édits qu'on publiait, arracha les idoles des mains de ceux qui les portaient sur les autels pour les adorer, les brisa contre terre, résista aux larmes de sa femme Pauline, que Félix employa auprès de lui pour le ramener à leur culte, et perdit la vie par l'ordre de son beau-père, sans autre baptême que celui de son sang. Voilà ce que m'a prêté l'histoire; le reste est de mon invention.

Pour donner plus de dignité à l'action, j'ai fait Félix gouverneur d'Arménie, et ai pratiqué un sacrifice public, afin de rendre l'occasion plus illustre, et donner un prétexte à Sévère de venir en cette province, sans faire éclater son amour avant qu'il en eût l'aveu de Pauline. Ceux qui veulent arrêter nos héros dans une médiocre bonté où quelques interprètes d'Aristote bornent leur vertu, ne trouveront pas ici leur compte, puisque celle de Polyeucte va jusqu'à la sainteté, et n'a aucun mélange de faiblesse. J'en ai déjà parlé ailleurs; et pour confirmer ce que j'en ai dit par quelques autorités, j'ajouterai ici que Minturnus, dans son *Traité du poète*, agite cette question, *si la Passion de Jésus-Christ et les martyres des saints doivent être exclus du théâtre à cause qu'ils passent cette médiocre bonté*, et résout en ma faveur. Le célèbre Heinsius, qui non seulement a traduit la *Poétique* de notre philosophe, mais a fait un *Traité de la Constitution de la Tragédie* selon sa pensée, nous en a donné une sur le martyre des Innocents. L'illustre Grotius a mis sur la scène la Passion même de Jésus-Christ et l'histoire de Joseph; et le savant Buchanan a fait la même chose de celle de Jephté, et de la mort de saint Jean-Baptiste. C'est sur ces exemples que j'ai hasardé ce poème, où je me suis donné des licences qu'ils n'ont pas prises, de changer l'histoire en quelque chose, et d'y mêler des épisodes d'invention : aussi m'était-il plus permis sur cette matière qu'à eux sur celle qu'ils ont choisie. Nous ne devons qu'une croyance pieuse à la vie des saints, et nous avons le même droit sur ce que nous en tirons pour le porter sur le théâtre, que sur ce que nous empruntons des autres histoires ; mais nous devons une foi chrétienne et indispensable à tout ce qui est dans la *Bible*, qui ne nous laisse aucune liberté d'y rien changer. J'estime toutefois qu'il ne nous est pas défendu d'y ajouter quelque chose, pourvu qu'il ne détruise rien de ces vérités dictées par le Saint-Esprit. Buchanan ni Grotius ne l'ont pas fait dans leurs poèmes, mais aussi ne les ont-ils pas rendus assez fournis pour notre théâtre, et ne s'y sont proposé pour exemple que la constitution plus simple des Anciens. Heinsius a plus osé qu'eux dans celui que j'ai nommé : les anges qui bercent l'enfant Jésus, et l'ombre de Marianne avec les furies qui agitent l'esprit d'Hérode sont des agréments qu'il n'a pas trouvés dans l'Evangile. Je crois même qu'on en peut supprimer quelque chose, quand il y a apparence qu'il ne plairait pas sur le théâtre, pourvu qu'on ne mette rien en la place ; car alors ce serait changer l'histoire, ce que le respect que nous devons à l'Écriture ne permet point. Si j'avais à y exposer celle de David et de Bethsabée, je ne décrirais pas comme il en devint amoureux en la voyant se baigner dans une fontaine, de peur que l'image de cette nudité ne fît une impression trop chatouilleuse dans l'esprit de l'auditeur ; mais je me contenterais de le peindre avec de l'amour pour elle, sans parler aucunement de quelle manière cet amour se serait emparé de son cœur.

Je reviens à *Polyeucte*, dont le succès a été très heureux. Le style n'en est pas si fort ni si majestueux que celui de *Cinna* et de *Pompée*, mais il a quelque chose de plus touchant, et les tendresses de l'amour humain y font un si agréable mélange avec la fermeté du divin, que sa représentation satisfait tout ensemble les dévots et les gens du monde. A mon gré, je n'ai point fait de pièce où l'ordre du théâtre soit plus beau et l'enchaînement des scènes mieux ménagé. L'unité d'action, et celle de jour et de lieu, y ont leur justesse ; et les scrupules qui peuvent naître touchant ces deux dernières se dissiperont aisément, pour peu qu'on me veuille prêter de cette faveur que l'auditeur nous doit toujours, quand l'occasion s'en offre, en reconnaissance de la peine que nous avons prise à le divertir.

Il est hors de doute que, si nous appliquons ce poème à nos coutumes, le sacrifice se fait trop tôt après la venue de Sévère ; et cette précipitation sortira du vraisemblable par la nécessité d'obéir à la règle. Quand le roi envoie ses ordres dans les villes pour y faire rendre des actions de grâces pour ses victoires, ou pour d'autres bénédictions qu'il reçoit du ciel, on ne les exécute pas dès le jour même; mais aussi il faut du temps pour assembler le clergé, les magistrats et les corps de ville, et c'est ce qui en fait différer l'exécution. Nos acteurs n'avaient ici aucune de ses assemblées à faire.

Il suffisait de la présence de Sévère et de Félix, et du ministère du grand prêtre; ainsi nous n'avons eu aucun besoin de remettre ce sacrifice en un autre jour. D'ailleurs, comme Félix craignait ce favori, qu'il croyait irrité du mariage de sa fille, il était bien aise de lui donner le moins d'occasion de tarder qu'il lui était possible, et de tâcher, durant son peu de séjour, à gagner son esprit par une prompte complaisance, et montrer tout ensemble une impatience d'obéir aux volontés de l'empereur.

L'autre scrupule regarde l'unité de lieu, qui est assez exacte, puisque tout s'y passe dans une salle ou antichambre commune aux appartements de Félix et de sa fille. Il semble que la bienséance y soit un peu forcée pour conserver cette unité au second acte, en ce que Pauline vient jusque dans cette antichambre pour trouver Sévère, dont elle devrait attendre la visite dans son cabinet. A quoi je réponds qu'elle a eu deux raisons de venir au-devant de lui : l'une pour faire plus d'honneur à un homme, dont son père redoutait l'indignation, et qu'il lui avait commandé d'adoucir en sa faveur; l'autre, pour rompre plus aisément la conversation avec lui, en se retirant dans son cabinet, s'il ne voulait pas la quitter à sa prière, et se délivrer, par cette retraite, d'un entretien dangereux pour elle; ce qu'elle n'eût pu faire, si elle eût reçu sa visite dans son appartement.

Sa confidence avec Stratonice, touchant l'amour qu'elle avait eu pour ce cavalier, me fait faire une réflexion sur le temps qu'elle prend pour cela. Il s'en fait beaucoup sur nos théâtres d'affections qui ont déjà duré deux ou trois ans, dont on attend à révéler le secret justement au jour de l'action qui se présente, et non seulement sans aucune raison de choisir ce jour-là, plutôt qu'un autre pour le déclarer, mais lors même que vraisemblablement on s'en est dû ouvrir beaucoup auparavant avec la personne à qui on en fait confidence. Ce sont choses dont il faut instruire le spectateur en les faisant apprendre par un des acteurs à l'autre; mais il faut prendre garde avec soin que celui à qui on les apprend ait eu lieu de les ignorer jusque-là aussi bien que le spectateur et que quelque occasion tirée du sujet oblige celui qui les récite à rompre enfin un silence qu'il a gardé si longtemps. L'Infante, dans *Le Cid*, avoue à Léonor l'amour secret qu'elle a pour lui, et l'aurait pu faire un an ou six mois plus tôt. Cléopâtre, dans

Pompée, ne prend pas des mesures plus justes avec Charmion ; elle lui conte la passion de César pour elle, et comme

> Chaque jour ses courriers
> Lui portent en tribut ses vœux et ses lauriers.

Cependant, comme il ne paraît personne avec qui elle ait plus d'ouverture de cœur qu'avec cette Charmion, il y a grande apparence que c'était elle-même dont cette reine se servait pour introduire ces courriers, et qu'ainsi elle devait savoir déjà tout ce commerce entre César et sa maîtresse. Du moins il fallait marquer quelque raison qui lui eût laissé ignorer jusque-là tout ce qu'elle lui apprend, et de quel autre ministère cette princesse s'était servie pour recevoir ces courriers. Il n'en va pas de même ici. Pauline ne s'ouvre avec Stratonice que pour lui faire entendre le songe qui la trouble et les sujets qu'elle a de s'en alarmer ; et comme elle n'a fait ce songe que la nuit d'auparavant, et qu'elle ne lui eût jamais révélé son secret sans cette occasion qui l'y oblige, on peut dire qu'elle n'a point eu lieu de lui faire cette confidence plus tôt qu'elle ne l'a faite.

Je n'ai point fait de narration de la mort de Polyeucte, parce que je n'avais personne pour la faire ni pour l'écouter, que des païens qui ne la pouvaient ni écouter, ni faire que comme ils avaient fait et écouté celle de Néarque, ce qui aurait été une répétition et marque de stérilité, et, en outre, n'aurait pas répondu à la dignité de l'action principale, qui est terminée par là. Ainsi j'ai mieux aimé la faire connaître par un saint emportement de Pauline, que cette mort a convertie, que par un récit qui n'eût point eu de grâce dans une bouche indigne de le prononcer. Félix son père se convertit après elle ; et ces deux conversions, quoique miraculeuses, sont si ordinaires dans les martyres, qu'elles ne sortent point de la vraisemblance, parce qu'elles ne sont pas de ces événements rares et singuliers qu'on ne peut tirer en exemple ; et elles servent à remettre le calme dans les esprits de Félix, de Sévère et de Pauline, que sans cela j'aurais eu bien de la peine à retirer du théâtre dans un état qui rendît la pièce complète, en ne laissant rien à souhaiter à la curiosité de l'auditeur.

PERSONNAGES

Félix, sénateur romain, gouverneur d'Arménie.
Polyeucte, seigneur arménien, gendre de Félix.
Sévère, chevalier romain, favori de l'empereur Décie.
Néarque, seigneur arménien, ami de Polyeucte.
Pauline, fille de Félix et femme de Polyeucte.
Stratonice, confidente de Pauline.
Albin, confident de Félix.
Fabian, domestique de Sévère.
Cléon, domestique de Félix.
trois gardes.

La scène est à Mélitène, capitale d'Arménie, dans le palais de Félix.

ACTE PREMIER

SCÈNE PREMIÈRE

POLYEUCTE, NÉARQUE

NÉARQUE

Quoi! vous vous arrêtez aux songes d'une femme!
De si faibles sujets troublent cette grande âme!
Et ce cœur tant de fois dans la guerre éprouvé
S'alarme d'un péril qu'une femme a rêvé!

POLYEUCTE

5 Je sais ce qu'est un songe, et le peu de croyance
Qu'un homme doit donner à son extravagance,
Qui d'un amas confus des vapeurs de la nuit
Forme de vains objets que le réveil détruit;
Mais vous ne savez pas ce que c'est qu'une femme;
10 Vous ignorez quels droits elle a sur toute l'âme
Quand, après un long temps qu'elle a su nous charmer,
Les flambeaux de l'hymen viennent de s'allumer.
Pauline, sans raison dans la douleur plongée,
Craint et croit déjà voir ma mort qu'elle a songée;
15 Elle oppose ses pleurs au dessein que je fais,
Et tâche à m'empêcher de sortir du palais.
Je méprise sa crainte, et je cède à ses larmes;
Elle me fait pitié sans me donner d'alarmes;
Et mon cœur, attendri sans être intimidé,
20 N'ose déplaire aux yeux dont il est possédé.
L'occasion, Néarque, est-elle si pressante
Qu'il faille être insensible aux soupirs d'une amante?
Par un peu de remise épargnons son ennui,
Pour faire en plein repos ce qu'il trouble aujourd'hui.

NÉARQUE

25 Avez-vous cependant une pleine assurance
D'avoir assez de vie ou de persévérance?

Et Dieu, qui tient votre âme et vos jours dans sa main,
Promet-il à vos vœux de le pouvoir demain ?
Il est toujours tout juste et tout bon ; mais sa grâce
30 Ne descend pas toujours avec même efficace ;
Après certains moments que perdent nos longueurs,
Elle quitte ces traits qui pénètrent les cœurs ;
Le nôtre s'endurcit, la repousse, l'égare :
Le bras qui la versait en devient plus avare ;
35 Et cette sainte ardeur qui doit porter au bien
Tombe plus rarement, ou n'opère plus rien.
Celle qui vous pressait de courir au baptême,
Languissante déjà, cesse d'être la même,
Et pour quelques soupirs qu'on vous a fait ouïr,
40 Sa flamme se dissipe, et va s'évanouir.

POLYEUCTE

Vous me connaissez mal : la même ardeur me brûle,
Et le désir s'accroît quand l'effet se recule.
Ces pleurs, que je regarde avec un œil d'époux,
Me laissent dans le cœur aussi chrétien que vous ;
45 Mais, pour en recevoir le sacré caractère
Qui lave nos forfaits dans une eau salutaire,
Et qui, purgeant notre âme et dessillant nos yeux,
Nous rend le premier droit que nous avions aux cieux,
Bien que je le préfère aux grandeurs d'un empire,
50 Comme le bien suprême et le seul où j'aspire,
Je crois, pour satisfaire un juste et saint amour,
Pouvoir un peu remettre, et différer d'un jour.

NÉARQUE

Ainsi du genre humain l'ennemi vous abuse :
Ce qu'il ne peut de force, il l'entreprend de ruse.
55 Jaloux des bons desseins qu'il tâche d'ébranler,
Quand il ne les peut rompre, il pousse à reculer ;
D'obstacle sur obstacle il va troubler le vôtre,
Aujourd'hui par des pleurs, chaque jour par quelque autre ;
Et ce songe rempli de noires visions
60 N'est que le coup d'essai de ses illusions.
Il met tout en usage, et prière et menace ;
Il attaque toujours, et jamais ne se lasse ;
Il croit pouvoir enfin ce qu'encore il n'a pu,
Et que ce qu'on diffère est à demi rompu.
65 Rompez ses premiers coups ; laissez pleurer Pauline.
Dieu ne veut point d'un cœur où le monde domine,
Qui regarde en arrière, et, douteux en son choix,
Lorsque sa voix l'appelle, écoute une autre voix.

Polyeucte

Pour se donner à lui faut-il n'aimer personne ?

Néarque

70 Nous pouvons tout aimer, il le souffre, il l'ordonne ;
Mais, à vous dire tout, ce Seigneur des seigneurs
Veut le premier amour et les premiers honneurs.
Comme rien n'est égal à sa grandeur suprême,
Il faut ne rien aimer qu'après lui, qu'en lui-même,
75 Négliger, pour lui plaire, et femme, et biens, et rang,
Exposer pour sa gloire et verser tout son sang.
Mais que vous êtes loin de cette ardeur parfaite
Qui vous est nécessaire, et que je vous souhaite !
Je ne puis vous parler que les larmes aux yeux.
80 Polyeucte, aujourd'hui qu'on nous hait en tous lieux,
Qu'on croit servir l'État quand on nous persécute,
Qu'aux plus âpres tourments un chrétien est en butte,
Comment en pourrez-vous surmonter les douleurs,
Si vous ne pouvez pas résister à des pleurs ?

Polyeucte

85 Vous ne m'étonnez point ; la pitié qui me blesse
Sied bien aux plus grands cœurs, et n'a point de faiblesse.
Sur mes pareils, Néarque, un bel œil est bien fort :
Tel craint de le fâcher qui ne craint pas la mort ;
Et s'il faut affronter les plus cruels supplices,
90 Y trouver des appas, en faire mes délices,
Votre Dieu, que je n'ose encor nommer le mien,
M'en donnera la force en me faisant chrétien.

Néarque

Hâtez-vous donc de l'être.

Polyeucte

Oui, j'y cours, cher Néarque ;
Je brûle d'en porter la glorieuse marque.
95 Mais Pauline s'afflige, et ne peut consentir,
Tant ce songe la trouble, à me laisser sortir.

Néarque

Votre retour pour elle en aura plus de charmes ;
Dans une heure au plus tard vous essuierez ses larmes !
Et l'heure de vous revoir lui semblera plus doux,
100 Plus elle aura pleuré pour un si cher époux.

Allons, on nous attend.

POLYEUCTE

Apaisez donc sa crainte,
Et calmez la douleur dont son âme est atteinte.
Elle revient.

NÉARQUE

Fuyez.

POLYEUCTE

Je ne puis.

NÉARQUE

Il le faut;
Fuyez un ennemi qui sait votre défaut,
105 Qui le trouve aisément, qui blesse par la vue,
Et dont le coup mortel vous plaît quand il vous tue.

SCÈNE II

POLYEUCTE, NÉARQUE,
PAULINE, STRATONICE

POLYEUCTE

Fuyons, puisqu'il le faut. Adieu, Pauline, adieu.
Dans une heure au plus tard je reviens en ce lieu.

PAULINE

Quel sujet si pressant à sortir vous convie?
110 Y va-t-il de l'honneur? y va-t-il de la vie?

POLYEUCTE

Il y va de bien plus.

PAULINE

Quel est donc ce secret?

POLYEUCTE

Vous le saurez un jour : je vous quitte à regret;
Mais enfin il le faut.

PAULINE
Vous m'aimez?

POLYEUCTE
Je vous aime,
Le ciel m'en soit témoin, cent fois plus que moi-même;
115 Mais...

PAULINE
Mais mon déplaisir ne vous peut émouvoir!
Vous avez des secrets que je ne puis savoir!
Quelle preuve d'Amour! Au nom de l'hyménée,
Donnez à mes soupirs cette seule journée.

POLYEUCTE
Un songe vous fait peur?

PAULINE
Ses présages sont vains,
120 Je le sais; mais enfin je vous aime, et je crains.

POLYEUCTE
Ne craignez rien de mal pour une heure d'absence.
Adieu : vos pleurs sur moi prennent trop de puissance;
Je sens déjà mon cœur prêt à se révolter,
Et ce n'est qu'en fuyant que j'y puis résister.

SCÈNE III

PAULINE, STRATONICE

PAULINE
125 Va, néglige mes pleurs, cours, et te précipite
Au-devant de la mort que les dieux m'ont prédite;
Suis cet agent fatal de tes mauvais destins,
Qui peut-être te livre aux mains des assassins.
Tu vois, ma Stratonice, en quel siècle nous sommes,
130 Voilà notre pouvoir sur les esprits des hommes;
Voilà ce qui nous reste, et l'ordinaire effet
De l'amour qu'on nous offre, et des vœux qu'on nous fait.
Tant qu'ils ne sont qu'amants nous sommes souveraines,

Et jusqu'à la conquête ils nous traitent de reines ;
135 Mais après l'hyménée ils sont rois à leur tour[9].

STRATONICE

Polyeucte pour vous ne manque point d'amour ;
S'il ne vous traite ici d'entière confidence,
S'il part malgré vos pleurs, c'est un trait de prudence ;
Sans vous en affliger, présumez avec moi
140 Qu'il est plus à propos qu'il vous cèle pourquoi ;
Assurez-vous sur lui qu'il en a juste cause.
Il est bon qu'un mari nous cache quelque chose,
Qu'il soit quelquefois libre, et ne s'abaisse pas
A nous rendre toujours compte de tous ses pas :
145 On n'a tous deux qu'un cœur qui sent mêmes traverses ;
Mais ce cœur a pourtant ses fonctions diverses,
Et la loi de l'hymen qui vous tient assemblés
N'ordonne pas qu'il tremble alors que vous tremblez :
Ce qui fait vos frayeurs ne peut le mettre en peine ;
150 Il est Arménien, et vous êtes Romaine,
Et vous pouvez savoir que nos deux nations
N'ont pas sur ce sujet mêmes impressions.
Un songe en notre esprit passe pour ridicule,
Il ne nous laisse espoir, ni crainte, ni scrupule ;
155 Mais il passe dans Rome avec autorité
Pour fidèle miroir de la fatalité.

PAULINE

Quelque peu de crédit que chez vous il obtienne,
Je crois que ta frayeur égalerait la mienne,
Si de telles horreurs t'avaient frappé l'esprit,
160 Si je t'en avais fait seulement le récit.

STRATONICE

A raconter ses maux souvent on les soulage.

PAULINE

Écoute ; mais il faut te dire davantage,
Et que, pour mieux comprendre un si triste discours,
Tu saches ma faiblesse et mes autres amours[10] :
165 Une femme d'honneur peut avouer sans honte
Ces surprises des sens que la raison surmonte ;
Ce n'est qu'en ces assauts qu'éclate la vertu,
Et l'on doute d'un cœur qui n'a point combattu.
Dans Rome, où je naquis, ce malheureux visage
170 D'un chevalier romain captiva le courage ;

Il s'appelait Sévère : excuse les soupirs
Qu'arrache encore un nom trop cher à me désirs.

STRATONICE

Est-ce lui qui naguère aux dépens de sa vie
Sauva des ennemis votre empereur Décie,
175 Qui leur tira mourant la victoire des mains,
Et fit tourner le sort des Perses aux Romains ?
Lui, qu'entre tant de morts immolés à son maître,
On ne put rencontrer, ou du moins reconnaître ;
A qui Décie enfin, pour des exploits si beaux,
180 Fit si pompeusement dresser de vains tombeaux ?

PAULINE

Hélas ! c'était lui-même, et jamais notre Rome
N'a produit plus grand cœur, ni vu plus honnête homme.
Puisque tu le connais, je ne t'en dirai rien.
Je l'aimai, Stratonice ; il le méritait bien.
185 Mais que sert le mérite où manque la Fortune ?
L'un était grand en lui, l'autre faible et commune ;
Trop invincible obstacle, et dont trop rarement
Triomphe auprès d'un père un vertueux amant !

STRATONICE

La digne occasion d'une rare constance !

PAULINE

190 Dis plutôt d'une indigne et folle résistance.
Quelque fruit qu'une fille en puisse recueillir,
Ce n'est une vertu que pour qui veut faillir.
Parmi ce grand amour que j'avais pour Sévère,
J'attendais un époux de la main de mon père,
195 Toujours prête à le prendre ; et jamais ma raison
N'avoua de mes yeux l'aimable trahison.
Il possédait mon cœur, mes désirs, ma pensée ;
Je ne lui cachais point combien j'étais blessée ;
Nous soupirions ensemble, et pleurions nos malheurs ;
200 Mais au lieu d'espérance, il n'avait que des pleurs ;
Et malgré des soupirs si doux, si favorables,
Mon père et mon devoir étaient inexorables.
Enfin je quittai Rome et ce parfait amant,
Pour suivre ici mon père en son gouvernement ;
205 Et lui, désespéré, s'en alla dans l'armée
Chercher d'un beau trépas l'illustre renommée.
Le reste, tu le sais. Mon abord en ces lieux

Me fit voir Polyeucte, et je plus à ses yeux ;
Et comme il est ici le chef de la noblesse,
210 Mon père fut ravi qu'il me prît pour maîtresse,
Et par son alliance il se crut assuré
D'être plus redoutable et plus considéré ;
Il approuva sa flamme, et conclut l'hyménée ;
Et moi, comme à son lit je me vis destinée,
215 Je donnai par devoir à son affection
Tout ce que l'autre avait par inclination.
Si tu peux en douter, juge-le par la crainte
Dont en ce triste jour tu me vois l'âme atteinte.

STRATONICE

Elle fait assez voir à quel point vous l'aimez.
220 Mais quel songe, après tout, tient vos sens alarmés ?

PAULINE

Je l'ai vu cette nuit, ce malheureux Sévère,
La vengeance à la main, l'œil ardent de colère :
Il n'était point couvert de ces tristes lambeaux
Qu'une ombre désolée emporte des tombeaux ;
225 Il n'était point percé de ces coups pleins de gloire
Qui, retranchant sa vie, assurent sa mémoire.
Il semblait triomphant, et tel que sur son char
Victorieux dans Rome entre notre César.
Après un peu d'effroi que m'a donné sa vue :
230 « Porte à qui tu voudras la faveur qui m'est due,
Ingrate, m'a-t-il dit ; et ce jour expiré,
Pleure à loisir l'époux que tu m'as préféré. »
A ces mots, j'ai frémi, mon âme s'est troublée ;
Ensuite des chrétiens une impie assemblée,
235 Pour avancer l'effet de ce discours fatal,
A jeté Polyeucte aux pieds de son rival.
Soudain à son secours j'ai réclamé mon père ;
Hélas ! c'est de tout point ce qui me désespère.
J'ai vu mon père même, un poignard à la main,
240 Entrer le bras levé pour lui percer le sein :
Là, ma douleur trop forte a brouillé ces images ;
Le sang de Polyeucte a satisfait leurs rages.
Je ne sais ni comment ni quand ils l'ont tué,
Mais je sais qu'à sa mort tous ont contribué.
245 Voilà quel est mon songe.

STRATONICE

                    Il est vrai qu'il est triste ;
Mais il faut que votre âme à ces frayeurs résiste :

La vision, de soi, peut faire quelque horreur,
Mais non pas vous donner une juste terreur.
Pouvez-vous craindre un mort, pouvez-vous craindre un père
250 Qui chérit votre époux, que votre époux révère,
Et dont le juste choix vous a donnée à lui
Pour s'en faire en ces lieux un ferme et sûr appui?

PAULINE

Il m'en a dit autant, et rit de mes alarmes;
Mais je crains des chrétiens les complots et les charmes,
255 Et que sur mon époux leur troupeau ramassé
Ne venge tant de sang que mon père a versé.

STRATONICE

Leur secte est insensée, impie et sacrilège,
Et dans son sacrifice use de sortilège;
Mais sa fureur ne va qu'à briser nos autels;
260 Elle n'en veut qu'aux dieux, et non pas aux mortels.
Quelque sévérité que sur eux on déploie,
Ils souffrent sans murmure, et meurent avec joie;
Et, depuis qu'on les traite en criminels d'État,
On ne peut les charger d'aucun assassinat.

PAULINE

265 Tais-toi, mon père vient.

SCÈNE IV

FÉLIX, ALBIN, PAULINE, STRATONICE

FÉLIX

Ma fille, que ton songe
En d'étranges frayeurs ainsi que toi me plonge!
Que j'en crains les effets, qui semblent s'approcher!

PAULINE

Quelle subite alarme ainsi vous peut toucher?

FÉLIX

Sévère n'est point mort.

PAULINE

Quel mal nous fait sa vie?

Félix

270 Il est le favori de l'empereur Décie.

Pauline

Après l'avoir sauvé des mains des ennemis,
L'espoir d'un si haut rang lui devenait permis ;
Le destin, aux grands cœurs si souvent mal propice,
Se résout quelquefois à leur faire justice.

Félix

275 Il vient ici lui-même.

Pauline

Il vient !

Félix

Tu le vas voir.

Pauline

C'en est trop ; mais comment le pouvez-vous savoir ?

Félix

Albin l'a rencontré dans la proche campagne ;
Un gros de courtisans en foule l'accompagne,
Et montre assez quel est son rang et son crédit :
280 Mais, Albin, redis-lui ce que ses gens t'ont dit :

Albin

Vous savez quelle fut cette grande journée
Que sa perte pour nous rendit si fortunée,
Où l'empereur captif, par sa main dégagé,
Rassura son parti déjà découragé,
285 Tandis que sa vertu succomba sous le nombre ;
Vous savez les honneurs qu'on fit faire à son ombre
Après qu'entre les morts on ne le put trouver :
Le roi de Perse aussi l'avait fait enlever.
Témoin de ses hauts faits et de son grand courage,
290 Ce monarque en voulut connaître le visage ;
On le mit dans sa tente, où, tout percé de coups,
Tout mort qu'il paraissait, il fit mille jaloux ;
Là, bientôt il montra quelque signe de vie :
Ce prince généreux en eût l'âme ravie,
295 Et sa joie, en dépit de son dernier malheur,

Du bras qui le causait honora la valeur;
Il en fit prendre soin, la cure en fut secrète;
Et comme au bout d'un mois sa santé fut parfaite,
Il offrit dignités, alliance, trésors,
300 Et pour gagner Sévère, il fit cent vains efforts.
Après avoir comblé ses refus de louange,
Il envoie à Décie en proposer l'échange;
Et soudain l'empereur, transporté de plaisir,
Offre au Perse son frère et cent chefs à choisir.
305 Ainsi revint au camp le valeureux Sévère
De sa haute vertu recevoir le salaire;
La faveur de Décie en fut le digne prix.
De nouveau l'on combat, et nous sommes surpris.
Ce malheur toutefois sert à croître sa gloire :
310 Lui seul rétablit l'ordre, et gagne la victoire,
Mais si belle, et si pleine, et par tant de beaux faits,
Qu'on nous offre tribut, et nous faisons la paix.
L'empereur, qui lui montre un amour infinie,
Après ce grand succès l'envoie en Arménie;
315 Il vient en apporter la nouvelle en ces lieux,
Et par un sacrifice en rendre hommage aux dieux.

Félix

O ciel! en quel état ma fortune est réduite!

Albin

Voilà ce que j'ai su d'un homme de sa suite,
Et j'ai couru, seigneur, pour vous y disposer.

Félix

320 Ah! sans doute, ma fille! il vient pour t'épouser;
L'ordre d'un sacrifice est pour lui peu de chose,
C'est un prétexte faux dont l'amour est la cause.

Pauline

Cela pourrait bien être; il m'aimait chèrement.

Félix

Que ne permettra-t-il à son ressentiment?
325 Et jusques à quel point ne porte sa vengeance
Une juste colère avec tant de puissance?
Il nous perdra, ma fille.

Pauline
    Il est trop généreux.

Félix

Tu veux flatter en vain un père malheureux;

Il nous perdra, ma fille! Ah! regret qui me tue
330 De n'avoir pas aimé la vertu toute nue!
Ah! Pauline! en effet, tu m'as trop obéi;
Ton courage était bon, ton devoir l'a trahi :
Que ta rébellion m'eût été favorable!
Qu'elle m'eût garanti d'un état déplorable!
335 Si quelque espoir me reste, il n'est plus aujourd'hui
Qu'en l'absolu pouvoir qu'il te donnait sur lui;
Ménage en ma faveur l'amour qui le possède,
Et d'où provient mon mal fais sortir le remède.

PAULINE

Moi! moi! que je revoie un si puissant vainqueur,
340 Et m'expose à des yeux qui me percent le cœur!
Mon père, je suis femme, et je sais ma faiblesse;
Je sens déjà mon cœur qui pour lui s'intéresse,
Et poussera sans doute, en dépit de ma foi,
Quelque soupir indigne et de vous et de moi.
345 Je ne le verrai point.

FÉLIX

Rassure un peu ton âme.

PAULINE

Il est toujours aimable, et je suis toujours femme;
Dans le pouvoir sur moi que ses regards ont eu
Je n'ose m'assurer de toute ma vertu.
Je ne le verrai point.

FÉLIX

Il faut le voir, ma fille,
350 Ou tu trahis ton père et toute ta famille.

PAULINE

C'est à moi d'obéir, puisque vous commandez,
Mais voyez les périls où vous me hasardez.

FÉLIX

Ta vertu m'est connue.

PAULINE

Elle vaincra sans doute;
Ce n'est pas le succès que mon âme redoute :
355 Je crains ce dur combat et ces troubles puissants

Que fait déjà chez moi la révolte des sens ;
Mais puisqu'il faut combattre un ennemi que j'aime,
Souffrez que je me puisse armer contre moi-même,
Et qu'un peu de loisir me prépare à le voir.

Félix

360 Jusqu'au-devant des murs je vais le recevoir ;
Rappelle cependant tes forces étonnées,
Et songe qu'en tes mains tu tiens nos destinées.

Pauline

Oui, je vais de nouveau dompter mes sentiments
Pour servir de victime à vos commandements.

ACTE II

SCÈNE PREMIÈRE

SÉVÈRE, FABIAN

Sévère

365 Cependant que Félix donne ordre au sacrifice,
Pourrai-je prendre un temps à mes vœux si propice ?
Pourrai-je voir Pauline, et rendre à ses beaux yeux
L'hommage souverain que l'on va rendre aux dieux ?
Je ne t'ai point celé que c'est ce qui m'amène
370 Le reste est un prétexte à soulager ma peine ;
Je viens sacrifier, mais c'est à ses beautés
Que je viens immoler toutes mes volontés.

Fabian

Vous la verrez, seigneur.

Sévère

Ah ! quel comble de joie !
Cette chère beauté consent que je la voie !
375 Mais ai-je sur son âme encor quelque pouvoir ?
Quelque reste d'amour s'y fait-il encor voir ?
Quel trouble, quel transport lui cause ma venue ?
Puis-je tout espérer de cette heureuse vue ?
Car je voudrais mourir plutôt que d'abuser

Des lettres de faveur que j'ai pour l'épouser;
Elles sont pour Félix, non pour triompher d'elle.
Jamais à ses désirs mon cœur ne fut rebelle;
Et si mon mauvais sort avait changé le sien,
Je me vaincrais moi-même, et ne prétendrais rien.

Fabian

Vous la verrez, c'est tout ce que je vous puis dire.

Sévère

D'où vient que tu frémis et que ton cœur soupire?
Ne m'aime-t-elle plus? éclaircis-moi ce point.

Fabian

M'en croirez-vous, seigneur? ne la revoyez point;
Portez en lieu plus haut l'honneur de vos caresses:
Vous trouverez à Rome assez d'autres maîtresses;
Et, dans ce haut degré de puissance et d'honneur,
Les plus grands y tiendront votre amour à bonheur.

Sévère

Qu'à des pensers si bas mon âme se ravale!
Que je tienne Pauline à mon sort inégale!
Elle en a mieux usé, je la dois imiter;
Je n'aime mon bonheur que pour la mériter.
Voyons-la, Fabian, ton discours m'importune;
Allons mettre à ses pieds cette haute fortune :
Je l'ai dans les combats trouvée heureusement
En cherchant une mort digne de son amant;
Ainsi ce rang est sien, cette faveur est sienne,
Et je n'ai rien enfin que d'elle je ne tienne.

Fabian

Non, mais encore un coup ne la revoyez point.

Sévère

Ah! c'en est trop enfin, éclaircis-moi ce point;
As-tu vu des froideurs quand tu l'en as priée?

Fabian

Je tremble à vous le dire; elle est...

Sévère

                       Quoi?

Fabian

                    Mariée.

Sévère

Soutiens-moi, Fabian; ce coup de foudre est grand,
Et frappe d'autant plus, que plus il me surprend.

Fabian

Seigneur, qu'est devenu ce généreux courage?

Sévère

410 La constance est ici d'un difficile usage;
De pareils déplaisirs accablent un grand cœur;
La vertu la plus mâle en perd toute vigueur;
Et quand d'un feu si beau les âmes sont éprises,
La mort les trouble moins que de telles surprises.
415 Je ne suis plus à moi quand j'entends ce discours.
Pauline est mariée!

Fabian

              Oui, depuis quinze jours;
Polyeucte, un seigneur des premiers d'Arménie,
Goûte de son hymen la douceur infinie.

Sévère

Je ne la puis du moins blâmer d'un mauvais choix!
420 Polyeucte a du nom, et sort du sang des rois:
Faibles soulagements d'un malheur sans remède!
Pauline, je verrai qu'un autre vous possède!
O ciel, qui malgré moi me renvoyez au jour,
O sort, qui redonniez l'espoir à mon amour,
425 Reprenez la faveur que vous m'avez prêtée,
Et rendez-moi la mort que vous m'avez ôtée!
Voyons-la toutefois, et dans ce triste lieu
Achevons de mourir en lui disant adieu;
Que mon cœur, chez les morts emportant son image,
430 De son dernier soupir puisse lui faire hommage.

Fabian

Seigneur, considérez...

Sévère

            Tout est considéré.
Quel désordre peut craindre un cœur désespéré?

N'y consent-elle pas?

FABIAN

Oui, seigneur, mais...

SÉVÈRE

N'importe.

FABIAN

Cette vive douleur en deviendra plus forte.

SÉVÈRE

435 Et ce n'est pas un mal que je veuille guérir;
Je ne veux que la voir, soupirer, et mourir.

FABIAN

Vous vous échapperez sans doute en sa présence;
Un amant qui perd tout n'a plus de complaisance;
Dans un tel entretien il suit sa passion,
440 Et ne pousse qu'injure et qu'imprécation.

SÉVÈRE

Juge autrement de moi, mon respect dure encore;
Tout violent qu'il est, mon désespoir l'adore.
Quels reproches aussi peuvent m'être permis?
De quoi puis-je accuser qui ne m'a rien promis?
445 Elle n'est point parjure, elle n'est point légère;
Son devoir m'a trahi, mon malheur, et son père.
Mais son devoir fut juste, et son père eut raison;
J'impute à mon malheur toute la trahison;
Un peu moins de fortune, et plus tôt arrivée,
450 Eût gagné l'un par l'autre, et me l'eût conservée;
Trop heureux, mais trop tard, je n'ai pu l'acquérir :
Laisse-la moi donc voir, soupirer et mourir.

FABIAN

Oui, je vais l'assurer qu'en ce malheur extrême
Vous êtes assez fort pour vous vaincre vous-même.
455 Elle a craint comme moi ces premiers mouvements
Qu'une perte imprévue arrache aux vrais amants,
Et dont la violence excite assez de trouble,
Sans que l'objet présent l'irrite et le redouble.

SÉVÈRE

Fabian, je la vois.

FABIAN

Seigneur, souvenez-vous...

SÉVÈRE

460 Hélas! elle aime un autre, un autre est son époux.

SCÈNE II

SÉVÈRE, PAULINE, STRATONICE, FABIAN

PAULINE

Oui, je l'aime, seigneur[15], et n'en fais point d'excuse;
Que toute autre que moi vous flatte et vous abuse,
Pauline a l'âme noble, et parle à cœur ouvert.
Le bruit de votre mort n'est point ce qui vous perd;
465 Si le ciel en mon choix eût mis mon hyménée,
A vos seules vertus je me serais donnée,
Et toute la rigueur de votre premier sort
Contre votre mérite eût fait un vain effort;
Je découvrais en vous d'assez illustres marques
470 Pour vous préférer même aux plus heureux monarques.
Mais puisque mon devoir m'imposait d'autres lois,
De quelque amant pour moi que mon père eût fai choix,
Quant à ce grand pouvoir que la valeur vous donne
Vous auriez ajouté l'éclat d'une couronne,
475 Quand je vous aurais vu, quand je l'aurais haï,
J'en aurais soupiré, mais j'aurais obéi,
Et sur mes passions ma raison souveraine
Eût blâmé mes soupirs et dissipé ma haine.

SÉVÈRE

Que vous êtes heureuse! et qu'un peu de soupirs
480 Fait un aisé remède à tous vos déplaisirs!
Ainsi, de vos désirs toujours reine absolue,
Les plus grands changements vous trouvent résolue;
De la plus forte ardeur vous portez vos esprits
Jusqu'à l'indifférence, et peut-être au mépris,
485 Et votre fermeté fait succéder sans peine
La faveur au dédain, et l'amour à la haine.
Qu'un peu de votre humeur ou de votre vertu
Soulagerait les maux de ce cœur abattu!
Un soupir, une larme à regret épandue
490 M'aurait déjà guéri de vous avoir perdue;

Ma raison pourrait tout sur l'amour affaibli,
Et de l'indifférence irait jusqu'à l'oubli;
Et, mon feu désormais se réglant sur le vôtre,
Je me tiendrais heureux entre les bras d'une autre.
495 O trop aimable objet, qui m'avez trop charmé,
Est-ce là comme on aime, et m'avez-vous aimé?

PAULINE

Je vous l'ai trop fait voir, seigneur, et si mon âme
Pouvait bien étouffer les restes de sa flamme,
Dieux, que j'éviterais de rigoureux tourments!
500 Ma raison, il est vrai, dompte mes sentiments;
Mais, quelque autorité que sur eux elle ait prise,
Elle n'y règne pas, elle les tyrannise;
Et, quoique le dehors soit sans émotion,
Le dedans n'est que trouble et que sédition :
505 Un je ne sais quel charme encor vers vous m'emporte;
Votre mérite est grand, si ma raison est forte :
Je le vois, encor tel qu'il alluma mes feux,
D'autant plus puissamment solliciter mes vœux
Qu'il est environné de puissance et de gloire,
510 Qu'en tous lieux après vous il traîne la victoire,
Que j'en sais mieux le prix, et qu'il n'a point déçu
Le généreux espoir que j'en avais conçu.
Mais ce même devoir qui le vainquit dans Rome,
Et qui me range ici dessous les lois d'un homme,
515 Repousse encor si bien l'effort de tant d'appas,
Qu'il déchire mon âme et ne l'ébranle pas;
C'est cette vertu même, à nos désirs cruelle,
Que vous louiez alors en blasphémant contre elle :
Plaignez-vous-en encor; mais louez sa rigueur
520 Qui triomphe à la fois de vous et de mon cœur,
Et voyez qu'un devoir moins ferme et moins sincère
N'aurait pas mérité l'amour du grand Sévère.

SÉVÈRE

Ah! madame, excusez une aveugle douleur
Qui ne connaît plus rien que l'excès du malheur :
525 Je nommais inconstance, et prenais pour un crime,
De ce juste devoir l'effort le plus sublime.
De grâce, montrez moins à mes sens désolés
La grandeur de ma perte et ce que vous valez;
Et cachant par pitié cette vertu si rare,
530 Qui redouble mes feux lorsqu'elle nous sépare,
Faites voir des défauts qui puissent à leur tour
Affaiblir ma douleur avecque mon amour.

Pauline

Hélas! cette vertu, quoique enfin invincible,
Ne laisse que trop voir une âme trop sensible.
535 Ces pleurs en sont témoins, et ces lâches soupirs
Qu'arrachent de nos feux les cruels souvenirs :
Trop rigoureux effets d'une aimable présence
Contre qui mon devoir a trop peu de défense!
Mais si vous estimez ce vertueux devoir,
540 Conservez-m'en la gloire, et cessez de me voir.
Épargnez-moi des pleurs qui coulent à ma honte;
Épargnez-moi des feux qu'à regret je surmonte;
Enfin épargnez-moi ces tristes entretiens,
Qui ne font qu'irriter vos tourments et les miens.

Sévère

545 Que je me prive ainsi du seul bien qui me reste!

Pauline

Sauvez-vous d'une vue à tous les deux funeste.

Sévère

Quel prix de mon amour! quel fruit de mes travaux!

Pauline

C'est le remède seul qui peut guérir nos maux.

Sévère

Je veux mourir des miens; aimez-en la mémoire.

Pauline

550 Je veux guérir des miens; ils souilleraient ma gloire.

Sévère

Ah! puisque votre gloire en prononce l'arrêt,
Il faut que ma douleur cède à son intérêt.
Est-il rien que sur moi cette gloire n'obtienne?
Elle me rend les soins que je dois à la mienne.
555 Adieu : je vais chercher au milieu des combats
Cette immortalité que donne un beau trépas,
Et remplir dignement, par une mort pompeuse,
De mes premiers exploits l'attente avantageuse;
Si toutefois, après ce coup mortel du sort,
560 J'ai de la vie assez pour chercher une mort.

Pauline

Et moi, dont votre vue augmente le supplice,
Je l'éviterai même en votre sacrifice ;
Et, seule dans ma chambre enfermant mes regrets,
Je vais pour vous aux dieux faire des vœux secrets.

Sévère

565 Puisse le juste ciel, content de ma ruine,
Combler d'heur et de jours Polyeucte et Pauline !

Pauline

Puisse trouver Sévère, après tant de malheur,
Une félicité digne de sa valeur !

Sévère

Il la trouvait en vous.

Pauline

Je dépendais d'un père.

Sévère

570 O devoir qui me perd et qui me désespère !
Adieu, trop vertueux objet, et trop charmant.

Pauline

Adieu, trop malheureux et trop parfait amant.

SCÈNE III

PAULINE, STRATONICE

Stratonice

Je vous ai plaints tous deux, j'en verse encor des larmes,
Mais du moins votre esprit est hors de ses alarmes :
575 Vous voyez clairement que votre songe est vain ;
Sévère ne vient pas la vengeance à la main.

Pauline

Laisse-moi respirer du moins, si tu m'as plainte :
Au fort de ma douleur tu rappelles ma crainte ;

Souffre un peu de relâche à mes esprits troublés,
580 Et ne m'accable point par des maux redoublés.

STRATONICE

Quoi! vous craignez encor?

PAULINE

              Je tremble, Stratonice;
Et, bien que je m'effraye avec peu de justice,
Cette injuste frayeur sans cesse reproduit
L'image des malheurs que j'ai vus cette nuit.

STRATONICE

585 Sévère est généreux.

PAULINE

           Malgré sa retenue,
Polyeucte sanglant frappe toujours ma vue.

STRATONICE

Vous voyez ce rival faire des vœux pour lui.

PAULINE

Je crois même au besoin qu'il serait son appui :
Mais, soit cette croyance ou fausse, ou véritable,
590 Son séjour en ce lieu m'est toujours redoutable;
A quoi que sa vertu puisse le disposer,
Il est puissant, il m'aime, et vient pour m'épouser.

SCÈNE IV

POLYEUCTE, NÉARQUE, PAULINE,
STRATONICE

POLYEUCTE

C'est trop verser de pleurs; il est temps qu'ils tarissent,
Que votre douleur cesse, et vos craintes finissent;
595 Malgré les faux avis par vos dieux envoyés,
Je suis vivant, madame, et vous me revoyez.

PAULINE

Le jour est encor long, et, ce qui plus m'effraie,

La moitié de l'avis se trouve déjà vraie;
J'ai cru Sévère mort, et je le vois ici.

POLYEUCTE

600 Je le sais; mais enfin j'en prends peu de souci.
Je suis dans Mélitène, et, quel que soit Sévère,
Votre père y commande, et l'on m'y considère;
Et je ne pense pas qu'on puisse avec raison
D'un cœur tel que le sien craindre une trahison :
605 On m'avait assuré qu'il vous faisait visite,
Et je venais lui rendre un honneur qu'il mérite.

PAULINE

Il vient de me quitter assez triste et confus;
Mais j'ai gagné sur lui qu'il ne me verra plus.

POLYEUCTE

Quoi! vous me soupçonnez déjà de quelque ombrage?

PAULINE

610 Je ferais à tous trois un trop sensible outrage.
J'assure mon repos, que troublent ses regards :
La vertu la plus ferme évite les hasards;
Qui s'expose au péril veut bien trouver sa perte;
Et, pour vous en parler avec une âme ouverte,
615 Depuis qu'un vrai mérite a pu nous enflammer,
Sa présence toujours a droit de nous charmer.
Outre qu'on doit rougir de s'en laisser surprendre,
On souffre à résister, on souffre à s'en défendre;
Et, bien que la vertu triomphe de ces feux,
620 La victoire est pénible, et le combat honteux.

POLYEUCTE

O vertu trop parfaite, et devoir trop sincère,
Que vous devez coûter de regrets à Sévère!
Qu'aux dépens d'un beau feu vous me rendez heureux!
Et que vous êtes doux à mon cœur amoureux!
625 Plus je vois mes défauts et plus je vous contemple,
Plus j'admire...

SCÈNE V

POLYEUCTE, PAULINE, NÉARQUE
STRATONICE, CLÉON

CLÉON

Seigneur, Félix vous mande au temple;
La victime est choisie, et le peuple à genoux,
Et pour sacrifier on n'attend plus que vous.

POLYEUCTE

Va, nous allons te suivre. Y venez-vous, madame?

PAULINE

630 Sévère craint ma vue, elle irrite sa flamme;
Je lui tiendrai parole, et ne veux plus le voir.
Adieu : vous l'y verrez; pensez à son pouvoir
Et ressouvenez-vous que sa faveur est grande.

POLYEUCTE

Allez, tout son crédit n'a rien que j'appréhende;
635 Et comme je connais sa générosité,
Nous ne nous combattrons que de civilité.

SCÈNE VI

POLYEUCTE, NÉARQUE

NÉARQUE

Où pensez-vous aller?

POLYEUCTE

Au temple, où l'on m'appelle.

NÉARQUE

Quoi! vous mêler aux vœux d'une troupe infidèle!
Oubliez-vous déjà que vous êtes chrétien?

POLYEUCTE

640 Vous par qui je le suis, vous en souvient-il bien?

NÉARQUE

J'abhorre les faux dieux.

POLYEUCTE

Et moi, je les déteste.

NÉARQUE

Je tiens leur culte impie.

POLYEUCTE

Et je le tiens funeste.

NÉARQUE

Fuyez donc leurs autels.

POLYEUCTE

Je les veux renverser,
Et mourir dans leur temple, ou les y terrasser.
645 Allons, mon cher Néarque, allons aux yeux des hommes
Braver l'idolâtrie, et montrer qui nous sommes :
C'est l'attente du ciel, il nous la faut remplir;
Je viens de le promettre, et je vais l'accomplir.
Je rends grâce au Dieu que tu m'as fait connaître
650 De cette occasion qu'il a sitôt fait naître,
Où déjà sa bonté, prête à me couronner,
Daigne éprouver la foi qu'il vient de me donner.

NÉARQUE

Ce zèle est trop ardent, souffrez qu'il se modère.

POLYEUCTE

On n'en peut avoir trop pour le Dieu qu'on révère.

NÉARQUE

655 Vous trouverez la mort.

POLYEUCTE

Je la cherche pour lui.

NÉARQUE

Et si ce cœur s'ébranle?

Polyeucte
Il sera mon appui.

Néarque
Il ne commande point que l'on s'y précipite.

Polyeucte
Plus elle est volontaire, et plus elle mérite.

Néarque
Il suffit, sans chercher, d'attendre et de souffrir.

Polyeucte
660 On souffre avec regret quand on n'ose s'offrir.

Néarque
Mais dans ce temple enfin la mort est assurée.

Polyeucte
Mais dans le ciel déjà la palme est préparée.

Néarque
Par une sainte vie il faut la mériter.

Polyeucte
Mes crimes, en vivant, me la pourraient ôter.
665 Pourquoi mettre au hasard ce que la mort assure ?
Quand elle ouvre le ciel, peut-elle sembler dure ?
Je suis chrétien, Néarque, et le suis tout à fait ;
La foi que j'ai reçue aspire à son effet.
Qui fuit croit lâchement, et n'a qu'une foi morte.

Néarque
670 Ménagez votre vie, à Dieu même elle importe ;
Vivez pour protéger les chrétiens en ces lieux.

Polyeucte
L'exemple de ma mort les fortifiera mieux.

Néarque
Vous voulez donc mourir ?

Polyeucte

Vous aimez donc à vivre ?

Néarque

Je ne puis déguiser que j'ai peine à vous suivre.
675 Sous l'horreur des tourments je crains de succomber.

Polyeucte

Qui marche assurément n'a point peur de tomber :
Dieu fait part, au besoin, de sa force infinie.
Qui craint de le nier, dans son âme le nie :
Il croit le pouvoir faire, et doute de sa foi.

Néarque

680 Qui n'appréhende rien présume trop de soi.

Polyeucte

J'attends tout de sa grâce, et rien de ma faiblesse.
Mais, loin de me presser, il faut que je vous presse !
D'où vient cette froideur ?

Néarque

Dieu même a craint la mort.

Polyeucte

Il s'est offert pourtant ; suivons ce saint effort ;
685 Dressons-lui des autels sur des monceaux d'idoles.
Il faut (je me souviens encor de vos paroles)
Négliger, pour lui plaire, et femme, et biens, et rang,
Exposer pour sa gloire et verser tout son sang.
Hélas ! qu'avez-vous fait de cette amour parfaite
690 Que vous me souhaitiez, et que je vous souhaite ?
S'il vous en reste encor, n'êtes-vous point jaloux,
Qu'à grand'peine chrétien j'en montre plus que vous ?

Néarque

Vous sortez du baptême, et ce qui vous anime,
C'est sa grâce qu'en vous n'affaiblit aucun crime ;
695 Comme encor tout entière, elle agit pleinement,
Et tout semble possible à son feu véhément ;
Mais cette même grâce, en moi diminuée
Et par mille péchés sans cesse exténuée,
Agit aux grands effets avec tant de langueur,

Que tout semble impossible à son peu de vigueur :
Cette indigne mollesse et ces lâches défenses
Sont des punitions qu'attirent mes offenses ;
Mais Dieu, dont on ne doit jamais se défier,
Me donne votre exemple à me fortifier.
Allons, cher Polyeucte, allons aux yeux des hommes
Braver l'idolâtrie, et montrer qui nous sommes ;
Puissé-je vous donner l'exemple de souffrir,
Comme vous me donnez celui de vous offrir !

POLYEUCTE

A cet heureux transport que le ciel vous envoie,
Je reconnais Néarque, et j'en pleure de joie.
Ne perdons plus de temps ; le sacrifice est prêt ;
Allons-y du vrai Dieu soutenir l'intérêt ;
Allons fouler aux pieds ce foudre ridicule
Dont arme un bois pourri ce peuple trop crédule ;
Allons en éclairer l'aveuglement fatal ;
Allons briser ces dieux de pierre et de métal :
Abandonnons nos jours à cette ardeur céleste ;
Faisons triompher Dieu : qu'il dispose du reste.

NÉARQUE

Allons faire éclater sa gloire aux yeux de tous,
Et répondre avec zèle à ce qu'il veut de nous.

ACTE III

SCÈNE PREMIÈRE

PAULINE

Que de soucis flottants, que de confus nuages
Présentent à mes yeux d'inconstantes images !
Douce tranquillité, que je n'ose espérer,
Que ton divin rayon tarde à les éclairer !
Mille agitations, que mes troubles produisent,
Dans mon cœur ébranlé tour à tour se détruisent ;
Aucun espoir n'y coule où j'ose persister ;
Aucun effroi n'y règne où j'ose m'arrêter.
Mon esprit, embrassant tout ce qu'il s'imagine,
Voit tantôt mon bonheur, et tantôt ma ruine,
Et suit leur vaine idée avec si peu d'effet

Qu'il ne peut espérer ni craindre tout à fait.
Sévère incessamment brouille ma fantaisie :
J'espère en sa vertu, je crains sa jalousie ;
735 Et je n'ose penser que d'un œil égal
Polyeucte en ces lieux puisse voir son rival.
Comme entre deux rivaux la haine est naturelle,
L'entrevue aisément se termine en querelle ;
L'un voit aux mains d'autrui ce qu'il croit mériter,
740 L'autre un désespéré qui peut trop attenter.
Quelque haute raison qui règle leur courage,
L'un conçoit de l'envie, et l'autre de l'ombrage ;
La honte d'un affront que chacun d'eux croit voir
Ou de nouveau reçue, ou prête à recevoir,
745 Consumant dès l'abord toute leur patience,
Forme de la colère et de la défiance,
Et, saisissant ensemble et l'époux et l'amant,
En dépit d'eux les livre à leur ressentiment.
Mais que je me figure une étrange chimère !
750 Et que je traite mal Polyeucte et Sévère,
Comme si la vertu de ces fameux rivaux
Ne pouvait s'affranchir de ces communs défauts !
Leurs âmes à tous deux d'elles-mêmes maîtresses
Sont d'un ordre trop haut pour de telles bassesses :
755 Ils se verront au temple en hommes généreux.
Mais las ! ils se verront, et c'est beaucoup pour eux.
Que sert à mon époux d'être dans Mélitène,
Si contre lui Sévère arme l'aigle romaine,
Si mon père y commande, et craint ce favori,
760 Et se repent déjà du choix de mon mari ?
Si peu que j'ai d'espoir ne luit qu'avec contrainte ;
En naissant il avorte, et fait place à la crainte ;
Ce qui doit l'affermir sert à le dissiper.
Dieux ! faites que ma peur puisse enfin se tromper !
765 Mais sachons-en l'issue.

SCÈNE II

PAULINE, STRATONICE

PAULINE

Eh bien ! ma Stratonice,
Comment s'est terminé ce pompeux sacrifice ?
Ces rivaux généreux au temple se sont vus ?

STRATONICE

Ah ! Pauline !

PAULINE

Mes vœux ont-ils été déçus?
J'en vois sur ton visage une mauvaise marque.
770 Se sont-ils querellés?

STRATONICE

Polyeucte, Néarque,
Les chrétiens...

PAULINE

Parle donc : les chrétiens...

STRATONICE

Je ne puis.

PAULINE

Tu prépares mon âme à d'étranges ennuis.

STRATONICE

Vous n'en sauriez avoir une plus juste cause.

PAULINE

L'ont-ils assassiné?

STRATONICE

Ce serait peu de chose.
775 Tout votre songe est vrai, Polyeucte n'est plus...

PAULINE

Il est mort!

STRATONICE

Non, il vit; mais, ô pleurs superflus!
Ce courage si grand, cette âme si divine,
N'est plus digne du jour, ni digne de Pauline.
Ce n'est plus cet époux si charmant à vos yeux;
780 C'est l'ennemi commun de l'État et des dieux,
Un méchant, un infâme, un rebelle, un perfide,
Un traître, un scélérat, un lâche, un parricide,
Une peste exécrable à tous les gens de bien,
Un sacrilège impie : en un mot, un chrétien.

PAULINE

785 Ce mot aurait suffi sans ce torrent d'injures.

STRATONICE

Ces titres aux chrétiens sont-ce des impostures?

PAULINE

Il est ce que tu dis, s'il embrasse leur foi;
Mais il est mon époux, et tu parles à moi.

STRATONICE

Ne considérez plus que le Dieu qu'il adore.

PAULINE

790 Je l'aimai par devoir; ce devoir dure encore.

STRATONICE

Il vous donne à présent sujet de le haïr;
Qui trahit tous nos dieux aurait pu vous trahir.

PAULINE

Je l'aimerais encor, quand il m'aurait trahie;
Et si de tant d'amour tu peux être ébahie,
795 Apprends que mon devoir ne dépend point du sien :
Qu'il y manque, s'il veut; je dois faire le mien.
Quoi! s'il aimait ailleurs, serais-je dispensée
A suivre, à son exemple, une ardeur insensée?
Quelque chrétien qu'il soit, je n'en ai point d'horreur;
800 Je chéris sa personne, et je hais son erreur.
Mais quel ressentiment en témoigne mon père?

STRATONICE

Une secrète rage, un excès de colère,
Malgré qui toutefois un reste d'amitié
Montre pour Polyeucte encor quelque pitié.
805 Il ne veut point sur lui faire agir sa justice,
Que du traître Néarque il n'ait vu le supplice.

PAULINE

Quoi! Néarque en est donc?

STRATONICE

                Néarque l'a séduit;
De leur vieille amitié c'est là l'indigne fruit.
Ce perfide, tantôt, en dépit de lui-même,

810 L'arrachant de vos bras, le traînait au baptême.
Voilà ce grand secret et si mystérieux
Que n'en pouvait tirer votre amour curieux.

PAULINE

Tu me blâmais alors d'être trop importune.

STRATONICE

Je ne prévoyais pas une telle infortune.

PAULINE

815 Avant qu'abandonner mon âme à mes douleurs,
Il me faut essayer la force de mes pleurs;
En qualité de femme, ou de fille, j'espère
Qu'ils vaincront un époux, ou fléchiront un père.
Que si sur l'un et l'autre ils manquent de pouvoir,
820 Je ne prendrai conseil que de mon désespoir.
Apprends-moi cependant ce qu'ils ont fait au temple.

STRATONICE

C'est une impiété qui n'eut jamais d'exemple.
Je ne puis y penser sans frémir à l'instant,
Et crains de faire un crime en vous la racontant.
825 Apprenez en deux mots leur brutale insolence.
Le prêtre avait à peine obtenu du silence,
Et devers l'orient assuré son aspect,
Qu'ils ont fait éclater leur manque de respect.
A chaque occasion de la cérémonie,
830 A l'envi l'un et l'autre étalait sa manie,
Des mystères sacrés hautement se moquait,
Et traitait de mépris les dieux qu'on invoquait.
Tout le peuple en murmure, et Félix s'en offense;
Mais tous deux s'emportant à plus d'irrévérence :
835 « Quoi! lui dit Polyeucte en élevant sa voix,
Adorez-vous des dieux ou de pierre ou de bois? »
Ici dispensez-moi du récit des blasphèmes
Qu'ils ont vomis tous deux contre Jupiter même :
L'adultère et l'inceste en étaient les plus doux.
840 « Oyez, dit-il ensuite, oyez, peuple, oyez tous :
Le Dieu de Polyeucte et celui de Néarque
De la terre et du ciel est l'absolu monarque,
Seul être indépendant, seul maître du destin,
Seul principe éternel, et souveraine fin.
845 C'est ce Dieu des chrétiens qu'il faut qu'on remercie
Des victoires qu'il donne à l'empereur Décie;

Lui seul tient en sa main le succès des combats ;
Il le veut élever, il le peut mettre à bas ;
Sa bonté, son pouvoir, sa justice est immense ;
850 C'est lui seul qui punit, lui seul qui récompense :
Vous adorez en vain des monstres impuissants. »
Se jetant à ces mots sur le vin et l'encens,
Après en avoir mis les saints vases par terre,
Sans crainte de Félix, sans crainte du tonnerre,
855 D'une fureur pareille ils courent à l'autel.
Cieux ! a-t-on vu jamais, a-t-on rien vu de tel !
Du plus puissant des dieux nous voyons la statue
Par une main impie à leurs pieds abattue ;
Les mystères troublés, le temple profané,
860 La fuite et les clameurs d'un peuple mutiné
Qui craint d'être accablé sous le courroux céleste.
Félix... Mais le voici qui vous dira le reste.

PAULINE

Que son visage est sombre et plein d'émotion !
Qu'il montre de tristesse et d'indignation !

SCÈNE III

FÉLIX, PAULINE, STRATONICE

FÉLIX

865 Une telle insolence avoir osé paraître !
En public ! à ma vue ! Il en mourra, le traître.

PAULINE

Souffrez que votre fille embrasse vos genoux.

FÉLIX

Je parle de Néarque, et non de votre époux.
Quelque indigne qu'il soit de ce doux nom de gendre,
870 Mon âme lui conserve un sentiment plus tendre :
La grandeur de son crime et de mon déplaisir
N'a pas éteint l'amour qui me l'a fait choisir.

PAULINE

Je n'attendais pas moins de la bonté d'un père.

FÉLIX

Je pouvais l'immoler à ma juste colère :

Car vous n'ignorez pas à quel comble d'horreur
De son audace impie a monté la fureur;
Vous l'avez pu savoir du moins de Stratonice.

Pauline

Je sais que de Néarque il doit voir le supplice.

Félix

Du conseil qu'il doit prendre il sera mieux instruit,
Quand il verra punir celui qui l'a séduit.
Au spectacle sanglant d'un ami qu'il faut suivre,
La crainte de mourir et le désir de vivre
Ressaisissent une âme avec tant de pouvoir,
Que qui voit le trépas cesse de le vouloir.
L'exemple touche plus que ne fait la menace :
Cette indiscrète ardeur tourne bientôt en glace,
Et nous verrons bientôt son cœur inquiété
Me demander pardon de tant d'impiété.

Pauline

Vous pouvez espérer qu'il change de courage?

Félix

Aux dépens de Néarque il doit se rendre sage.

Pauline

Il le doit; mais, hélas! où me renvoyez-vous?
Et quels tristes hasards ne court point mon époux,
Si de son inconstance il faut qu'enfin j'espère
Le bien que j'espérais de la bonté d'un père?

Félix

Je vous en fais trop voir, Pauline, à consentir
Qu'il évite la mort par un prompt repentir.
Je devais même peine à des crimes semblables;
Et, mettant différence entre ces deux coupables,
J'ai trahi la justice à l'amour paternel!
Je me suis fait pour lui moi-même criminel;
Et j'attendais de vous, au milieu de vos craintes,
Plus de remerciements que je n'entends de plaintes.

Pauline

De quoi remercier qui ne me donne rien?
Je sais quelle est l'humeur et l'esprit d'un chrétien.

905 Dans l'obstination jusqu'au bout il demeure :
Vouloir son repentir, c'est ordonner qu'il meure.

Félix

Sa grâce est en sa main, c'est à lui d'y rêver.

Pauline

Faites-la tout entière.

Félix

Il la peut achever.

Pauline

Ne l'abandonnez pas aux fureurs de sa secte.

Félix

910 Je l'abandonne aux lois, qu'il faut que je respecte.

Pauline

Est-ce ainsi que d'un gendre un beau-père est l'appui ?

Félix

Qu'il fasse autant pour soi comme je fais pour lui.

Pauline

Mais il est aveuglé.

Félix

Mais il se plaît à l'être.
Qui chérit son erreur ne la veut pas connaître.

Pauline

915 Mon père, au nom des dieux...

Félix

Ne les réclamez pas,
Ces dieux dont l'intérêt demande son trépas.

Pauline

Ils écoutent nos vœux.

Félix

Eh bien ! qu'il leur en fasse.

PAULINE

Au nom de l'empereur dont vous tenez la place.

FÉLIX

J'ai son pouvoir en main; mais, s'il me l'a commis,
920 C'est pour le déployer contre ses ennemis.

PAULINE

Polyeucte l'est-il?

FÉLIX

Tous chrétiens sont rebelles.

PAULINE

N'écoutez point pour lui ces maximes cruelles;
En épousant Pauline il s'est fait votre sang.

FÉLIX

Je regarde sa faute, et ne vois plus son rang.
925 Quand le crime d'État se mêle au sacrilège,
Le sang ni l'amitié n'ont plus de privilège.

PAULINE

Quel excès de rigueur!

FÉLIX

Moindre que son forfait.

PAULINE

O de mon songe affreux trop véritable effet!
Voyez-vous qu'avec lui vous perdez votre fille?

FÉLIX

930 Les dieux et l'empereur sont plus que ma famille.

PAULINE

La perte de tous deux ne vous peut arrêter!

FÉLIX

J'ai les dieux et Décie ensemble à redouter.
Mais nous n'avons encore à craindre rien de triste :

Dans son aveuglement pensez-vous qu'il persiste?
935 S'il nous semblait tantôt courir à son malheur,
C'est d'un nouveau chrétien la première chaleur.

Pauline

Si vous l'aimez encor, quittez cette espérance
Que deux fois en un jour il change de croyance :
Outre que les chrétiens ont plus de dureté,
940 Vous attendez de lui trop de légèreté.
Ce n'est point une erreur avec le lait sucée,
Que sans l'examiner son âme ait embrassée :
Polyeucte est chrétien parce qu'il l'a voulu,
Et vous portait au temple un esprit résolu.
945 Vous devez présumer de lui comme du reste :
Le trépas n'est pour eux ni honteux ni funeste;
Ils cherchent de la gloire à mépriser nos dieux;
Aveugles pour la terre, ils aspirent aux cieux;
Et croyant que la mort leur en ouvre la porte,
950 Tourmentés, déchirés, assassinés, n'importe,
Les supplices leur sont ce qu'à nous les plaisirs,
Et les mènent au but où tendent leurs désirs;
La mort la plus infâme, ils l'appellent martyre.

Félix

Eh bien donc! Polyeucte aura ce qu'il désire :
955 N'en parlons plus.

Pauline

Mon père...

SCÈNE IV

FÉLIX, ALBIN, PAULINE, STRATONICE

Félix

Albin, en est-ce fait?

Albin

Oui, seigneur, et Néarque a payé son forfait.

Félix

Et notre Polyeucte a vu trancher sa vie?

Albin

Il l'a vu, mais, hélas! avec un œil d'envie.
Il brûle de le suivre, au lieu de reculer;
960 Et son cœur s'affermit au lieu de s'ébranler.

Pauline

Je vous le disais bien. Encore un coup, mon père,
Si jamais mon respect a pu vous satisfaire,
Si vous l'avez prisé, si vous l'avez chéri...

Félix

Vous aimez trop, Pauline, un indigne mari.

Pauline

965 Je l'ai de votre main : mon amour est sans crime;
Il est de votre choix la glorieuse estime;
Et j'ai, pour l'accepter, éteint le plus beau feu
Qui d'une âme bien née ait mérité l'aveu.
Au nom de cette aveugle et prompte obéissance
970 Que j'ai toujours rendue aux lois de la naissance,
Si vous avez pu tout sur moi, sur mon amour,
Que je puisse sur vous quelque chose à mon tour!
Par ce juste pouvoir à présent trop à craindre,
Par ces beaux sentiments qu'il m'a fallu contraindre,
975 Ne m'ôtez pas vos dons; ils sont chers à mes yeux,
Et m'ont assez coûté pour m'être précieux.

Félix

Vous m'importunez trop; bien que j'aie un cœur tendre,
Je n'aime la pitié qu'au prix que j'en veux prendre :
Employez mieux l'effort de vos justes douleurs;
980 Malgré moi m'en toucher, c'est perdre et temps et pleurs;
J'en veux être le maître, et je veux bien qu'on sache
Que je la désavoue alors qu'on me l'arrache.
Préparez-vous à voir ce malheureux chrétien,
Et faites votre effort quand j'aurai fait le mien.
985 Allez; n'irritez plus un père qui vous aime,
Et tâchez d'obtenir votre époux de lui-même.
Tantôt jusqu'en ce lieu je le ferai venir :
Cependant quittez-nous, je veux l'entretenir.

Pauline

De grâce, permettez...

Félix

Laissez-nous seuls, vous dis-je;
990 Votre douleur m'offense autant qu'elle m'afflige.

A gagner Polyeucte appliquez tous vos soins ;
Vous avancerez plus en m'importunant moins.

SCÈNE V

FÉLIX, ALBIN

FÉLIX

Albin, comme est-il mort ?

ALBIN

                En brutal, en impie,
En bravant les tourments, en dédaignant la vie,
995 Sans regret, sans murmure, et sans étonnement,
Dans l'obstination et l'endurcissement,
Comme un chrétien enfin, le blasphème à la bouche.

FÉLIX

Et l'autre ?

ALBIN

        Je l'ai dit déjà, rien ne le touche ;
Loin d'en être abattu, son cœur en est plus haut ;
1000 On l'a violenté pour quitter l'échafaud :
Il est dans la prison où je l'ai vu conduire ;
Mais vous êtes bien loin encor de le réduire.

FÉLIX

Que je suis malheureux !

ALBIN

                Tout le monde vous plaint.

FÉLIX

On ne sait pas les maux dont mon cœur est atteint ;
1005 De pensers sur pensers mon âme est agitée,
De soucis sur soucis elle est inquiétée.
Je sens l'amour, la haine, et la crainte, et l'espoir,
La joie et la douleur tour à tour l'émouvoir ;
J'entre en des sentiments qui ne sont pas croyables ;
1010 J'en ai de violents, j'en ai de pitoyables ;
J'en ai de généreux qui n'oseraient agir ;

J'en ai même de bas, et qui me font rougir.
J'aime ce malheureux que j'ai choisi pour gendre,
Je hais l'aveugle erreur qui le vient de surprendre ;
1015 Je déplore sa perte, et, le voulant sauver,
J'ai la gloire des dieux ensemble à conserver ;
Je redoute leur foudre et celui de Décie ;
Il y va de ma charge, il y va de ma vie.
Ainsi tantôt pour lui je m'expose au trépas,
1020 Et tantôt je le perds pour ne me perdre pas.

ALBIN

Décie excusera l'amitié d'un beau-père ;
Et d'ailleurs Polyeucte est d'un sang qu'on révère.

FÉLIX

A punir les chrétiens son ordre est rigoureux ;
Et plus l'exemple est grand, plus il est dangereux :
1025 On ne distingue point quand l'offense est publique ;
Et lorsqu'on dissimule un crime domestique,
Par quelle autorité peut-on, par quelle loi,
Châtier en autrui ce qu'on souffre chez soi ?

ALBIN

Si vous n'osez avoir d'égard à sa personne,
1030 Écrivez à Décie afin qu'il en ordonne.

FÉLIX

Sévère me perdrait, si j'en usais ainsi :
Sa haine et son pouvoir font mon plus grand souci.
Si j'avais différé de punir un tel crime,
Quoiqu'il soit généreux, quoiqu'il soit magnanime,
1035 Il est homme, et sensible, et je l'ai dédaigné ;
Et de tant de mépris son esprit indigné,
Que met au désespoir cet hymen de Pauline,
Du courroux de Décie obtiendrait ma ruine.
Pour venger un affront tout semble être permis,
1040 Et les occasions tentent les plus remis.
Peut-être (et ce soupçon n'est pas sans apparence)
Il rallume en son cœur déjà quelque espérance ;
Et, croyant bientôt voir Polyeucte puni,
Il rappelle un amour à grand-peine banni.
1045 Juge si sa colère, en ce cas implacable,
Me ferait innocent de sauver un coupable,
Et s'il m'épargnerait, voyant par mes bontés
Une seconde fois ses desseins avortés.

Te dirais-je un penser indigne, bas, et lâche?
1050 Je l'étouffe, il renaît; il me flatte, et me fâche :
L'ambition toujours me le vient présenter,
Et tout ce que je puis, c'est de le détester.
Polyeucte est ici l'appui de ma famille;
Mais si, par son trépas, l'autre épousait ma fille,
1055 J'acquerrais bien par là de plus puissants appuis
Qui me mettraient plus haut cent fois que je ne suis.
Mon cœur en prend par force une maligne joie;
Mais que plutôt le ciel à tes yeux me foudroie,
Qu'à des pensers si bas je puisse consentir,
1060 Que jusque-là ma gloire ose se démentir!

Albin

Votre cœur est trop bon, et votre âme trop haute.
Mais vous résolvez-vous à punir cette faute?

Félix

Je vais dans la prison faire tout mon effort
A vaincre cet esprit par l'effroi de la mort;
1065 Et nous verrons après ce que pourra Pauline.

Albin

Que ferez-vous enfin, si toujours il s'obstine?

Félix

Ne me presse point tant; dans un tel déplaisir
Je ne puis que résoudre, et ne sais que choisir.

Albin

Je dois vous avertir, en serviteur fidèle,
1070 Qu'en sa faveur déjà la ville se rebelle,
Et ne peut voir passer par la rigueur des lois
Sa dernière espérance et le sang de ses rois.
Je tiens sa prison même assez mal assurée :
J'ai laissé tout autour une troupe éplorée;
1075 Je crains qu'on ne la force.

Félix

Il faut donc l'en tirer,
Et l'amener ici pour nous en assurer.

Albin

Tirez-l'en donc vous-même, et d'un espoir de grâce

Apaisez la fureur de cette populace.

Félix

Allons, et s'il persiste à demeurer chrétien,
1080 Nous en disposerons sans qu'elle en sache rien.

ACTE IV

SCÈNE PREMIÈRE

POLYEUCTE, CLÉON, TROIS AUTRES GARDES

Polyeucte

Gardes, que me veut-on?

Cléon

Pauline vous demande.

Polyeucte

O présence, ô combat que surtout j'appréhende!
Félix, dans la prison j'ai triomphé de toi,
J'ai ri de ta menace, et t'ai vu sans effroi.
1085 Tu prends pour t'en venger de plus puissantes armes;
Je craignais beaucoup moins tes bourreaux que ses larmes.
Seigneur, qui vois ici les périls que je cours,
En ce pressant besoin redouble ton secours;
Et toi qui, tout sortant encor de la victoire,
1090 Regardes mes travaux du séjour de la gloire,
Cher Néarque, pour vaincre un si fort ennemi,
Prête du haut du ciel la main à ton ami.
Gardes, oseriez-vous me rendre un bon office?
Non pour me dérober aux rigueurs du supplice,
1095 Ce n'est pas mon dessein qu'on me fasse évader;
Mais comme il suffira de trois à me garder,
L'autre m'obligerait d'aller quérir Sévère;
Je crois que sans péril on peut me satisfaire:
Si j'avais pu lui dire un secret important,
1100 Il vivrait plus heureux, et je mourrais content.

Cléon

Si vous me l'ordonnez, j'y cours en diligence.

Polyeucte

Sévère à mon défaut fera ta récompense.
Va, ne perds point de temps, et reviens promptement.

Cléon

Je serai de retour, seigneur, dans un moment.

SCÈNE II

POLYEUCTE

Les gardes se retirent aux coins du théâtre.

1105 Source délicieuse, en misères féconde,
Que voulez-vous de moi, flatteuses voluptés ?
Honteux attachements de la chair et du monde,
Que ne me quittez-vous quand je vous ai quittés ?
Allez, honneurs, plaisirs, qui me livrez la guerre :
1110   Toute votre félicité,
    Sujette à l'instabilité,
    En moins de rien tombe par terre ;
    Et comme elle a l'éclat du verre,
    Elle en a la fragilité.

1115 Ainsi n'espérez pas qu'après vous je soupire :
Vous étalez en vain vos charmes impuissants ;
Vous me montrez en vain par tout ce vaste empire
Les ennemis de Dieu pompeux et florissants.
Il étale à son tour des revers équitables
1120   Par qui les grands sont confondus ;
    Et les glaives qu'il tient pendus
    Sur les plus fortunés coupables
    Sont d'autant plus inévitables,
    Que leurs coups sont moins attendus.

1125 Tigre altéré de sang, Décie impitoyable,
Ce Dieu t'a trop longtemps abandonné les siens ;
De ton heureux destin vois la suite effroyable :
Le Scythe va venger la Perse et les chrétiens.
Encore un peu plus outre, et ton heure est venue ;
1130   Rien ne t'en saurait garantir ;
    Et la foudre qui va partir,
    Toute prête à crever la nue,
    Ne peut plus être retenue
    Par l'attente du repentir.

1135 Que cependant Félix m'immole à ta colère ;

ACTE IV, SCÈNE III

Qu'un rival plus puissant éblouisse ses yeux ;
Qu'aux dépens de ma vie il s'en fasse beau-père,
Et qu'à titre d'esclave il commande en ces lieux :
Je consens, ou plutôt j'aspire à ma ruine.
Monde, pour moi tu n'as plus rien ;
Je porte en un cœur tout chrétien
Une flamme toute divine ;
Et je ne regarde Pauline
Que comme un obstacle à mon bien.

Saintes douceurs du ciel, adorables idées,
Vous remplissez un cœur qui vous peut recevoir :
De vos sacrés attraits les âmes possédées
Ne conçoivent plus rien qui les puisse émouvoir.
Vous promettez beaucoup, et donnez davantage :
Vos biens ne sont point inconstants,
Et l'heureux trépas que j'attends
Ne vous sert que d'un doux passage
Pour nous introduire au partage
Qui nous rend à jamais contents.

C'est vous, ô feu divin que rien ne peut éteindre,
Qui m'allez faire voir Pauline sans la craindre.
Je la vois ; mais mon cœur, d'un saint zèle enflammé,
N'en goûte plus l'appas dont il était charmé ;
Et mes yeux éclairés des célestes lumières,
Ne trouvent plus aux siens leurs grâces coutumières.

SCÈNE III

POLYEUCTE, PAULINE, GARDES

POLYEUCTE

Madame, quel dessein vous fait me demander ?
Est-ce pour me combattre, ou pour me seconder ?
Cet effort généreux de votre amour parfaite
Vient-il à mon secours, vient-il à ma défaite ?
Apportez-vous ici la haine ou l'amitié,
Comme mon ennemie, ou ma chère moitié ?

PAULINE

Vous n'avez point ici d'ennemi que vous-même ;
Seul vous vous haïssez, lorsque chacun vous aime ;
Seul vous exécutez tout ce que j'ai rêvé :

1170 Ne veuillez pas vous perdre, et vous êtes sauvé.
A quelque extrémité que votre crime passe,
Vous êtes innocent si vous vous faites grâce.
Daignez considérer le sang dont vous sortez,
Vos grandes actions, vos rares qualités ;
1175 Chéri de tout le peuple, estimé chez le prince,
Gendre du gouverneur de toute la province,
Je ne vous compte à rien le nom de mon époux :
C'est un bonheur pour moi qui n'est pas grand pour vous ;
Mais après vos exploits, après votre naissance,
1180 Après votre pouvoir, voyez notre espérance ;
Et n'abandonnez pas à la main d'un bourreau
Ce qu'à nos justes vœux promet un sort si beau.

POLYEUCTE

Je considère plus ; je sais mes avantages,
Et l'espoir que sur eux forment les grands courages :
1185 Ils n'aspirent enfin qu'à des biens passagers,
Que troublent les soucis, que suivent les dangers ;
La mort nous les ravit, la fortune s'en joue ;
Aujourd'hui dans le trône, et demain dans la boue ;
Et leur plus haut éclat fait tant de mécontents,
1190 Que peu de vos Césars en ont joui longtemps.
J'ai de l'ambition, mais plus noble et plus belle :
Cette grandeur périt, j'en veux une immortelle,
Un bonheur assuré, sans mesure et sans fin,
Au-dessus de l'envie, au-dessus du destin.
1195 Est-ce trop l'acheter que d'une triste vie
Qui tantôt, qui soudain me peut être ravie ;
Qui ne me fait jouir que d'un instant qui fuit,
Et ne peut m'assurer de celui qui le suit ?

PAULINE

Voilà de vos chrétiens les ridicules songes ;
1200 Voilà jusqu'à quel point vous charment leurs mensonges :
Tout votre sang est peu pour un bonheur si doux !
Mais, pour en disposer, ce sang est-il à vous ?
Vous n'avez pas la vie ainsi qu'un héritage ;
Le jour qui vous la donne en même temps l'engage :
1205 Vous la devez au prince, au public, à l'État.

POLYEUCTE

Je la voudrais pour eux perdre dans un combat ;
Je sais quel en est l'heur, et quelle en est la gloire.
Des aïeux de Décie on vante la mémoire ;
Et ce nom, précieux encore à vos Romains,

ACTE IV, SCÈNE III

1210 Au bout de six cents ans lui met l'empire aux mains.
Je dois ma vie au peuple, au prince, à sa couronne;
Mais je la dois bien plus au Dieu qui me la donne:
Si mourir pour son prince est un illustre sort,
Quand on meurt pour son Dieu, quelle sera la mort!

PAULINE

1215 Quel Dieu!

POLYEUCTE

Tout beau, Pauline : il entend vos paroles;
Et ce n'est pas un Dieu comme vos dieux frivoles,
Insensibles et sourds, impuissants, mutilés,
De bois, de marbre, ou d'or, comme vous les voulez :
C'est le Dieu des chrétiens, c'est le mien, c'est le vôtre;
1220 Et la terre et le ciel n'en connaissent point d'autre.

PAULINE

Adorez-le dans l'âme, et n'en témoignez rien.

POLYEUCTE

Que je sois tout ensemble idolâtre et chrétien!

PAULINE

Ne feignez qu'un moment, laissez partir Sévère,
Et donnez lieu d'agir aux bontés de mon père.

POLYEUCTE

1225 Les bontés de mon Dieu sont bien plus à chérir :
Il m'ôte des périls que j'aurais pu courir,
Et, sans me laisser lieu de tourner en arrière,
Sa faveur me couronne entrant dans la carrière;
Du premier coup de vent il me conduit au port,
1230 Et, sortant du baptême, il m'envoie à la mort.
Si vous pouviez comprendre, et le peu qu'est la vie,
Et de quelles douceurs cette mort est suivie!...
Mais que sert de parler de ces trésors cachés
A des esprits que Dieu n'a pas encor touchés?

PAULINE

1235 Cruel! car il est temps que ma douleur éclate,
Et qu'un juste reproche accable une âme ingrate;
Est-ce là ce beau feu? sont-ce là tes serments?
Témoignes-tu pour moi les moindres sentiments?

Je ne te parlais point de l'état déplorable
Où ta mort va laisser ta femme inconsolable ;
Je croyais que l'amour t'en parlerait assez,
Et je ne voulais pas de sentiments forcés ;
Mais cette amour si ferme et si bien méritée,
Que tu m'avais promise, et que je t'ai portée,
Quand tu me veux quitter, quand tu me fais mourir,
Te peut-elle arracher une larme, un soupir ?
Tu me quittes, ingrat, et le fais avec joie ;
Tu ne la caches pas, tu veux que je la voie ;
Et ton cœur, insensible à ces tristes appas,
Se figure un bonheur où je ne serai pas !
C'est donc là le dégoût qu'apporte l'hyménée ?
Je te suis odieuse après m'être donnée !

POLYEUCTE

Hélas !

PAULINE

Que cet hélas a de peine à sortir !
Encor s'il commençait un heureux repentir,
Que, tout forcé qu'il est, j'y trouverais de charmes !
Mais courage, il s'émeut, je vois couler des larmes.

POLYEUCTE

J'en verse, et plût à Dieu qu'à force d'en verser
Ce cœur trop endurci se pût enfin percer !
Le déplorable état où je vous abandonne
Est bien digne des pleurs que mon amour vous donne ;
Et si l'on peut au ciel sentir quelques douleurs,
J'y pleurerai pour vous l'excès de vos malheurs.
Mais si, dans ce séjour de gloire et de lumière,
Ce Dieu tout juste et bon peut souffrir ma prière,
S'il y daigne écouter un conjugal amour,
Sur votre aveuglement il répandra le jour.
Seigneur, de vos bontés il faut que je l'obtienne :
Elle a trop de vertus pour n'être pas chrétienne ;
Avec trop de mérite il vous plut la former,
Pour ne vous pas connaître et ne vous pas aimer,
Pour vivre des enfers esclave infortunée,
Et sous leur triste joug mourir comme elle est née.

PAULINE

Que dis-tu, malheureux ? qu'oses-tu souhaiter ?

POLYEUCTE

Ce que de tout mon sang je voudrais acheter.

PAULINE

1275 Que plutôt...

POLYEUCTE

C'est en vain qu'on se met en défense :
Ce Dieu touche les cœurs lorsque moins on y pense.
Ce bienheureux moment n'est pas encor venu;
Il viendra, mais le temps ne m'en est pas connu.

PAULINE

Quittez cette chimère, et m'aimez...

POLYEUCTE

Je vous aime,
1280 Beaucoup moins que mon Dieu, mais bien plus que moi-
[même.

PAULINE

Au nom de cet amour, ne m'abandonnez pas.

POLYEUCTE

Au nom de cet amour, daignez suivre mes pas.

PAULINE

C'est peu de me quitter, tu veux donc me séduire?

POLYEUCTE

C'est peu d'aller au ciel, je vous y veux conduire.

PAULINE

1285 Imaginations!

POLYEUCTE

Célestes vérités!

PAULINE

Étrange aveuglement!

POLYEUCTE

Éternelles clartés!

PAULINE

Tu préfères la mort à l'amour de Pauline!

POLYEUCTE

Vous préférez le monde à la bonté divine !

PAULINE

Va, cruel, va mourir ; tu ne m'aimas jamais.

POLYEUCTE

1290 Vivez heureuse au monde, et me laissez en paix.

PAULINE

Oui, je t'y vais laisser ; ne t'en mets plus en peine ;
Je vais...

SCÈNE IV

POLYEUCTE, PAULINE, SÉVÈRE,
FABIAN, GARDES

PAULINE

Mais quel dessein en ce lieu vous amène,
Sévère ? Aurait-on cru qu'un cœur si généreux
Pût venir jusqu'ici braver un malheureux ?

POLYEUCTE

1295 Vous traitez mal, Pauline, un si rare mérite :
A ma seule prière il rend cette visite.
Je vous ai fait, seigneur, une incivilité,
Que vous pardonnerez à ma captivité.
Possesseur d'un trésor dont je n'étais pas digne,
1300 Souffrez avant ma mort que je vous le résigne,
Et laisse la vertu la plus rare à nos yeux
Qu'une femme jamais pût recevoir des cieux
Aux mains du plus vaillant et du plus honnête homme
Qu'ait adoré la terre et qu'ait vu naître Rome.
1305 Vous êtes digne d'elle, elle est digne de vous ;
Ne la refusez pas de la main d'un époux :
S'il vous a désunis, sa mort vous va rejoindre.
Qu'un feu jadis si beau n'en devienne pas moindre ;
Rendez-lui votre cœur, et recevez sa foi ;
1310 Vivez heureux ensemble, et mourez comme moi ;
C'est le bien qu'à tous deux Polyeucte désire.
Qu'on me mène à la mort, je n'ai plus rien à dire.

Allons, gardes, c'est fait.

SCÈNE V

SÉVÈRE, PAULINE, FABIAN

SÉVÈRE

                         Dans mon étonnement,
Je suis confus pour lui de son aveuglement;
1315 Sa résolution a si peu de pareilles,
Qu'à peine je me fie encore à mes oreilles.
Un cœur qui vous chérit (mais quel cœur assez bas
Aurait pu vous connaître, et ne vous chérir pas?),
Un homme aimé de vous, sitôt qu'il vous possède,
1320 Sans regret il vous quitte : il fait plus, il vous cède;
Et comme si vos feux étaient un don fatal,
Il en fait un présent lui-même à son rival!
Certes, ou les chrétiens ont d'étranges manies,
Ou leurs félicités doivent être infinies,
1325 Puisque, pour y prétendre, ils osent rejeter
Ce que de tout l'empire il faudrait acheter.
Pour moi, si mes destins, un peu plus tôt propices,
Eussent de votre hymen honoré mes services,
Je n'aurais adoré que l'éclat de vos yeux,
1330 J'en aurais fait mes rois, j'en aurais fait mes dieux;
On m'aurait mis en poudre, on m'aurait mis en cendre,
Avant que...

PAULINE

           Brisons là; je crains de trop entendre,
Et que cette chaleur, qui sent vos premiers feux,
Ne pousse quelque suite indigne de tous deux.
1335 Sévère, connaissez Pauline tout entière.
Mon Polyeucte touche à son heure dernière;
Pour achever de vivre il n'a plus qu'un moment;
Vous en êtes la cause, encor qu'innocemment.
Je ne sais si votre âme, à vos désirs ouverte,
1340 Aurait osé former quelque espoir sur sa perte;
Mais sachez qu'il n'est point de si cruel trépas
Où d'un front assuré je ne porte mes pas,
Qu'il n'est point aux enfers d'horreurs que je n'endure,
Plutôt que de souiller une gloire si pure,
1345 Que d'épouser un homme, après son triste sort,
Qui de quelque façon soit cause de sa mort;

Et, si vous me croyiez d'une âme si peu saine,
L'amour que j'eus pour vous tournerait toute en haine.
Vous êtes généreux; soyez-le jusqu'au bout.
1350 Mon père est en état de vous accorder tout,
Il vous craint; et j'avance encor cette parole,
Que s'il perd mon époux, c'est à vous qu'il l'immole
Sauvez ce malheureux, employez-vous pour lui;
Faites-vous un effort pour lui servir d'appui.
1355 Je sais que c'est beaucoup que ce que je demande;
Mais plus l'effort est grand, plus la gloire en est grande.
Conserver un rival dont vous êtes jaloux,
C'est un trait de vertu qui n'appartient qu'à vous;
Et si ce n'est assez de votre renommée,
1360 C'est beaucoup qu'une femme autrefois tant aimée,
Et dont l'amour peut-être encor vous peut toucher,
Doive à votre grand cœur ce qu'elle a de plus cher.
Souvenez-vous enfin que vous êtes Sévère.
Adieu. Résolvez seul ce que vous voulez faire;
1365 Si vous n'êtes pas tel que je l'ose espérer,
Pour vous priser encor je le veux ignorer.

SCÈNE VI

SÉVÈRE, FABIAN

SÉVÈRE

Qu'est ceci, Fabian? quel nouveau coup de foudre
Tombe sur mon bonheur et le réduit en poudre?
Plus je l'estime près, plus il est éloigné;
1370 Je trouve tout perdu quand je crois tout gagné;
Et toujours la fortune, à me nuire obstinée,
Tranche mon espérance aussitôt qu'elle est née :
Avant qu'offrir des vœux je reçois des refus;
Toujours triste, toujours et honteux et confus
1375 De voir que lâchement elle ait osé renaître,
Qu'encor plus lâchement elle ait osé paraître,
Et qu'une femme enfin dans la calamité
Me fasse des leçons de générosité.
Votre belle âme est haute autant que malheureuse;
1380 Mais elle est inhumaine autant que généreuse,
Pauline; et vos douleurs avec trop de rigueur
D'un amant tout à vous tyrannisent le cœur.
C'est donc peu de vous perdre, il faut que je vous donne;
Que je serve un rival lorsqu'il vous abandonne;
1385 Et que, par un cruel et généreux effort,

Pour vous rendre en ses mains je l'arrache à la mort!

Fabian

Laissez à son destin cette ingrate famille;
Qu'il accorde, s'il veut, le père avec la fille,
Polyeucte et Félix, l'épouse avec l'époux :
1390 D'un si cruel effort quel prix espérez-vous?

Sévère

La gloire de montrer à cette âme si belle
Que Sévère l'égale, et qu'il est digne d'elle;
Qu'elle m'était bien due, et que l'ordre des cieux
En me la refusant m'est trop injurieux.

Fabian

1395 Sans accuser le sort ni le ciel d'injustice,
Prenez garde au péril qui suit un tel service;
Vous hasardez beaucoup, seigneur, pensez-y bien.
Quoi! vous entreprenez de sauver un chrétien!
Pouvez-vous ignorer pour cette secte impie
1400 Quelle est et fut toujours la haine de Décie?
C'est un crime vers lui si grand, si capital,
Qu'à votre faveur même il peut être fatal.

Sévère

Cet avis serait bon pour quelque âme commune.
S'il tient entre ses mains ma vie et ma fortune,
1405 Je suis encor Sévère; et tout ce grand pouvoir
Ne peut rien sur ma gloire, et rien sur mon devoir.
Ici l'honneur m'oblige, et j'y veux satisfaire;
Qu'après le sort se montre ou propice ou contraire,
Comme son naturel est toujours inconstant,
1410 Périssant glorieux, je périrai content.
Je te dirai bien plus, mais avec confidence :
La secte des chrétiens n'est pas ce que l'on pense;
On les hait; la raison, je ne la connais point;
Et je ne vois Décie injuste qu'en ce point.
1415 Par curiosité j'ai voulu les connaître :
On les tient pour sorciers dont l'enfer est le maître;
Et sur cette croyance on punit du trépas
Des mystères secrets que nous n'entendons pas.
Mais Cérès Eleusine, et la Bonne Déesse,
1420 Ont leurs secrets comme eux à Rome et dans la Grèce;
Encore impunément nous souffrons en tous lieux,
Leur Dieu seul excepté, toute sorte de dieux :

Tous les monstres d'Égypte ont leurs temples dans Rome ;
Nos aïeux à leur gré faisaient un dieu d'un homme ;
1425 Et, leur sang parmi nous conservant leurs erreurs,
Nous remplissons le ciel de tous nos empereurs.
Mais, à parler sans fard de tant d'apothéoses,
L'effet est bien douteux de ces métamorphoses.
Les chrétiens n'ont qu'un Dieu, maître absolu de tout,
1430 De qui le seul vouloir fait tout ce qu'il résout.
Mais, si j'ose entre nous dire ce que me semble,
Les nôtres bien souvent s'accordent mal ensemble ;
Et, me dût leur colère écraser à tes yeux,
Nous en avons beaucoup pour être de vrais dieux.
1435 Enfin chez les chrétiens les mœurs sont innocentes,
Les vices détestés, les vertus florissantes ;
Ils font des vœux pour nous qui les persécutons ;
Et, depuis tant de temps que nous les tourmentons,
Les a-t-on vus mutins ? les a-t-on vus rebelles ?
1440 Nos princes ont-ils eu des soldats plus fidèles ?
Furieux dans la guerre, ils souffrent nos bourreaux ;
Et, lions au combat, ils meurent en agneaux.
J'ai trop de pitié d'eux pour ne les pas défendre.
Allons trouver Félix ; commençons par son gendre ;
1445 Et contentons ainsi, d'une seule action,
Et Pauline, et ma gloire, et ma compassion.

ACTE V

SCÈNE PREMIÈRE

FÉLIX, ALBIN, CLÉON

Félix

Albin, as-tu bien vu la fourbe de Sévère ?
As-tu bien vu sa haine ? et vois-tu ma misère ?

Albin

Je n'ai vu rien en lui qu'un rival généreux,
1450 Et ne vois rien en vous qu'un père rigoureux.

Félix

Que tu discernes mal le cœur d'avec la mine !
Dans l'âme il hait Félix et dédaigne Pauline ;

Et, s'il l'aima jadis, il estime aujourd'hui
Les restes d'un rival trop indignes de lui,
1455 Il parle en sa faveur, il me prie, il menace,
Et me perdra, dit-il, si je ne lui fais grâce ;
Tranchant du généreux, il croit m'épouvanter ;
L'artifice est trop lourd pour ne pas l'éventer.
Je sais des gens de cour quelle est la politique,
1460 J'en connais mieux que lui la plus fine pratique.
C'est en vain qu'il tempête et feint d'être en fureur :
Je vois ce qu'il prétend auprès de l'empereur.
De ce qu'il me demande il m'y ferait un crime ;
Épargnant son rival, je serais sa victime ;
1465 Et s'il avait affaire à quelque maladroit,
Le piège est bien tendu, sans doute il le perdroit ;
Mais un vieux courtisan est un peu moins crédule :
Il voit quand on le joue, et quand on dissimule ;
Et moi j'en ai tant vu de toutes les façons,
1470 Qu'à lui-même au besoin j'en ferais des leçons.

Albin

Dieu ! que vous vous gênez par cette défiance !

Félix

Pour subsister en cour c'est la haute science.
Quand un homme une fois a droit de nous haïr,
Nous devons présumer qu'il cherche à nous trahir,
1475 Toute son amitié nous doit être suspecte.
Si Polyeucte enfin n'abandonne sa secte,
Quoi que son protecteur ait pour lui dans l'esprit,
Je suivrai hautement l'ordre qui m'est prescrit.

Albin

Grâce, grâce, seigneur, que Pauline l'obtienne !

Félix

1480 Celle de l'empereur ne suivrait pas la mienne ;
Et, loin de le tirer de ce pas dangereux,
Ma bonté ne ferait que nous perdre tous deux.

Albin

Mais Sévère promet...

Félix

Albin, je m'en défie,
Et connais mieux que lui la haine de Décie ;
1485 En faveur des chrétiens s'il choquait son courroux,
Lui-même assurément se perdrait avec nous.

Je veux tenter pourtant encore une autre voie.
Amenez Polyeucte; et si je le renvoie,
S'il demeure insensible à ce dernier effort,
1490 Au sortir de ce lieu qu'on lui donne la mort.

ALBIN

Votre ordre est rigoureux.

FÉLIX

                Il faut que je le suive,
Si je veux empêcher qu'un désordre n'arrive.
Je vois le peuple ému pour prendre son parti;
Et toi-même tantôt tu m'en as averti.
1495 Dans ce zèle pour lui qu'il fait déjà paraître,
Je ne sais si longtemps j'en pourrais être maître;
Peut-être dès demain, dès la nuit, dès ce soir,
J'en verrais des effets que je ne veux pas voir;
Et Sévère aussitôt, courant à sa vengeance,
1500 M'irait calomnier de quelque intelligence.
Il faut rompre ce coup, qui me serait fatal.

ALBIN

Que tant de prévoyance est un étrange mal!
Tout vous nuit, tout vous perd, tout vous fait de l'ombrage;
Mais voyez que sa mort mettra ce peuple en rage,
1505 Que c'est mal le guérir que le désespérer.

FÉLIX

En vain après sa mort il voudra murmurer;
Et s'il ose venir à quelque violence,
C'est à faire à céder deux jours à l'insolence :
J'aurai fait mon devoir, quoi qu'il puisse arriver.
1510 Mais Polyeucte vient, tâchons à le sauver.
Soldats, retirez-vous, et gardez bien la porte.

SCÈNE II

FÉLIX, POLYEUCTE, ALBIN

FÉLIX

As-tu donc pour la vie une haine si forte,
Malheureux Polyeucte? et la loi des chrétiens
T'ordonne-t-elle ainsi d'abandonner les tiens?

Polyeucte

1515 Je ne hais point la vie, et j'en aime l'usage
Mais sans attachement qui sente l'esclavage,
Toujours prêt à la rendre au Dieu dont je la tiens ;
La raison me l'ordonne, et la loi des chrétiens ;
Et je vous montre à tous par là comme il faut vivre,
1520 Si vous avez le cœur assez bon pour me suivre.

Félix

Te suivre dans l'abîme où tu te veux jeter ?

Polyeucte

Mais plutôt dans la gloire où je m'en vais monter.

Félix

Donne-moi pour le moins le temps de la connaître ;
Pour me faire chrétien, sers-moi de guide à l'être ;
1525 Et ne dédaigne pas de m'instruire en ta foi,
Ou toi-même à ton Dieu tu répondras de moi.

Polyeucte

N'en riez point, Félix, il sera votre juge ;
Vous ne trouverez point devant lui de refuge ;
Les rois et les bergers y sont d'un même rang.
1530 De tous les siens sur vous il vengera le sang.

Félix

Je n'en répandrai plus, et quoi qu'il en arrive,
Dans la foi des chrétiens je souffrirai qu'on vive ;
J'en serai protecteur.

Polyeucte

Non, non, persécutez,
Et soyez l'instrument de nos félicités :
1535 Celle d'un vrai chrétien n'est que dans les souffrances ;
Les plus cruels tourments lui sont des récompenses.
Dieu, qui rend le centuple aux bonnes actions,
Pour comble donne encor les persécutions ;
Mais ces secrets pour vous sont fâcheux à comprendre ;
1540 Ce n'est qu'à ses élus que Dieu les fait entendre.

Félix

Je te parle sans fard, et veux être chrétien.

Polyeucte

Qui peut donc retarder l'effet d'un si grand bien ?

Félix

La présence importune...

Polyeucte

Et de qui ? de Sévère ?

Félix

Pour lui seul contre toi j'ai feint tant de colère :
1545 Dissimule un moment jusques à son départ.

Polyeucte

Félix, c'est donc ainsi que vous parlez sans fard ?
Portez à vos païens, portez à vos idoles
Le sucre empoisonné que sèment vos paroles.
Un chrétien ne craint rien, ne dissimule rien ;
1550 Aux yeux de tout le monde il est toujours chrétien.

Félix

Ce zèle de ta foi ne sert qu'à te séduire,
Si tu cours à la mort plutôt que de m'instruire.

Polyeucte

Je vous en parlerais ici hors de saison ;
Elle est un don du ciel, et non de la raison ;
1555 Et c'est là que bientôt, voyant Dieu face à face,
Plus aisément pour vous j'obtiendrai cette grâce.

Félix

Ta perte cependant me va désespérer.

Polyeucte

Vous avez en vos mains de quoi la réparer :
En vous ôtant un gendre, on vous en donne un autre
1560 Dont la condition répond mieux à la vôtre ;
Ma perte n'est pour vous qu'un change avantageux.

Félix

Cesse de me tenir ce discours outrageux.
Je t'ai considéré plus que tu ne mérites ;

Mais, malgré ma bonté, qui croît plus tu l'irrites,
1565 Cette insolence enfin te rendrait odieux,
Et je me vengerais aussi bien que nos dieux.

Polyeucte

Quoi! vous changez bientôt d'humeur et de langage :
Le zèle de vos dieux rentre en votre courage!
Celui d'être chrétien s'échappe! et par hasard
1570 Je vous viens d'obliger à me parler sans fard!

Félix

Va, ne présume pas que, quoi que je te jure,
De tes nouveaux docteurs je suive l'imposture.
Je flattais ta manie afin de t'arracher
Du honteux précipice où tu vas trébucher;
1575 Je voulais gagner temps pour ménager ta vie
Après l'éloignement d'un flatteur de Décie;
Mais j'ai trop fait d'injure à nos dieux tout-puissants;
Choisis de leur donner ton sang, ou de l'encens.

Polyeucte

Mon choix n'est point douteux. Mais j'aperçois Pauline.
1580 O ciel!

SCÈNE III

FÉLIX, POLYEUCTE, PAULINE, ALBIN

Pauline

Qui de vous deux aujourd'hui m'assassine?
Sont-ce tous deux ensemble, ou chacun à son tour?
Ne pourrai-je fléchir la nature ou l'amour?
Et n'obtiendrai-je rien d'un époux ni d'un père?

Félix

Parlez à votre époux.

Polyeucte

Vivez avec Sévère.

Pauline

1585 Tigre, assassine-moi du moins sans m'outrager.

Polyeucte

Mon amour, par pitié, cherche à vous soulager ;
Il voit quelle douleur dans l'âme vous possède,
Et sait qu'un autre amour en est le seul remède.
Puisqu'un si grand mérite a pu vous enflammer,
1590 Sa présence toujours a droit de vous charmer :
Vous l'aimiez, il vous aime, et sa gloire augmentée...

Pauline

Que t'ai-je fait, cruel, pour être ainsi traitée,
Et pour me reprocher, au mépris de ma foi,
Un amour si puissant que j'ai vaincu pour toi ?
1595 Vois, pour te faire vaincre un si fort adversaire,
Quels efforts à moi-même il a fallu me faire ;
Quels combats j'ai donnés pour te donner un cœur
Si justement acquis à son premier vainqueur ;
Et si l'ingratitude en ton cœur ne domine,
1600 Fais quelque effort sur toi pour te rendre à Pauline :
Apprends d'elle à forcer ton propre sentiment ;
Prends sa vertu pour guide en ton aveuglement ;
Souffre que de toi-même elle obtienne ta vie,
Pour vivre sous tes lois à jamais asservie.
1605 Si tu peux rejeter de si justes désirs,
Regarde au moins ses pleurs, écoute ses soupirs ;
Ne désespère pas une âme qui t'adore.

Polyeucte

Je vous l'ai déjà dit, et vous le dis encore,
Vivez avec Sévère, ou mourez avec moi.
1610 Je ne méprise point vos pleurs, ni votre foi ;
Mais, de quoi que pour vous notre amour m'entretienne,
Je ne vous connais plus, si vous n'êtes chrétienne.
C'en est assez : Félix, reprenez ce courroux,
Et sur cet insolent vengez vos dieux, et vous.

Pauline

1615 Ah ! mon père, son crime à peine est pardonnable :
Mais s'il est insensé, vous êtes raisonnable.
La nature est trop forte, et ses aimables traits
Imprimés dans le sang ne s'effacent jamais :
Un père est toujours père, et sur cette assurance
1620 J'ose appuyer encore un reste d'espérance.
Jetez sur votre fille un regard paternel :
Ma mort suivra la mort de ce cher criminel ;
Et les dieux trouveront sa peine illégitime,

Puisqu'elle confondra l'innocence et le crime,
1625 Et qu'elle changera, par ce redoublement,
En injuste rigueur un juste châtiment ;
Nos destins, par vos mains rendus inséparables,
Nous doivent rendre heureux ensemble, ou misérables ;
Et vous seriez cruel jusques au dernier point,
1630 Si vous désunissiez ce que vous avez joint.
Un cœur à l'autre uni jamais ne se retire ;
Et pour l'en séparer il faut qu'on le déchire.
Mais vous êtes sensible à mes justes douleurs,
Et d'un œil paternel vous regardez mes pleurs.

Félix

1635 Oui, ma fille, il est vrai qu'un père est toujours père ;
Rien n'en peut effacer le sacré caractère ;
Je porte un cœur sensible, et vous l'avez percé.
Je me joins avec vous contre cet insensé.
Malheureux Polyeucte, es-tu seul insensible ?
1640 Et veux-tu rendre seul ton crime irrémissible ?
Peux-tu voir tant de pleurs d'un œil si détaché ?
Peux-tu voir tant d'amour sans en être touché ?
Ne reconnais-tu plus ni beau-père, ni femme,
Sans amitié pour l'un, et pour l'autre sans flamme ?
1645 Pour reprendre les noms et de gendre et d'époux,
Veux-tu nous voir tous deux embrasser tes genoux ?

Polyeucte

Que tout cet artifice est de mauvaise grâce !
Après avoir deux fois essayé la menace,
Après m'avoir fait voir Néarque dans la mort,
1650 Après avoir tenté l'amour et son effort,
Après m'avoir montré cette soif du baptême,
Pour opposer à Dieu l'intérêt de Dieu même,
Vous vous joignez ensemble ! Ah ! ruses de l'enfer !
Faut-il tant de fois vaincre avant que triompher !
1655 Vos résolutions usent trop de remise ;
Prenez la vôtre enfin, puisque la mienne est prise.
Je n'adore qu'un Dieu, maître de l'univers,
Sous qui tremblent le ciel, la terre, et les enfers ;
Un Dieu qui, nous aimant d'une amour infinie,
1660 Voulut mourir pour nous avec ignominie,
Et qui, par un effort de cet excès d'amour,
Veut pour nous en victime être offert chaque jour.
Mais j'ai tort d'en parler à qui ne peut m'entendre.
Voyez l'aveugle erreur que vous osez défendre :
1665 Des crimes les plus noirs vous souillez tous vos dieux ;

Vous n'en punissez point qui n'ait son maître aux cieux :
La prostitution, l'adultère, l'inceste,
Le vol, l'assassinat, et tout ce qu'on déteste,
C'est l'exemple qu'à suivre offrent vos immortels.
1670 J'ai profané leur temple, et brisé leurs autels;
Je le ferais encor, si j'avais à le faire,
Même aux yeux de Félix, même aux yeux de Sévère,
Même aux yeux du sénat, aux yeux de l'empereur.

Félix

Enfin ma bonté cède à ma juste fureur :
1675 Adore-les, ou meurs!

Polyeucte

Je suis chrétien.

Félix

Impie!
Adore-les, te dis-je; ou renonce à la vie.

Polyeucte

Je suis chrétien.

Félix

Tu l'es? O cœur trop obstiné!
Soldats, exécutez l'ordre que j'ai donné.

Pauline

Où le conduisez-vous?

Félix

A la mort.

Polyeucte

A la gloire.
1680 Chère Pauline, adieu; conservez ma mémoire.

Pauline

Je te suivrai partout, et mourrai si tu meurs.

Polyeucte

Ne suivez point mes pas, ou quittez vos erreurs.

Félix

Qu'on l'ôte de mes yeux, et que l'on m'obéisse.
Puisqu'il aime à périr, je consens qu'il périsse.

SCÈNE IV

FÉLIX, ALBIN

Félix

1685 Je me fais violence, Albin, mais je l'ai dû :
Ma bonté naturelle aisément m'eût perdu.
Que la rage du peuple à présent se déploie,
Que Sévère en fureur tonne, éclate, foudroie,
M'étant fait cet effort, j'ai fait ma sûreté.
1690 Mais n'es-tu point surpris de cette dureté?
Vois-tu comme le sien des cœurs impénétrables,
Ou des impiétés à ce point exécrables?
Du moins j'ai satisfait mon esprit affligé :
Pour amollir son cœur je n'ai rien négligé;
1695 J'ai feint même à tes yeux des lâchetés extrêmes;
Et certes, sans l'horreur de ses derniers blasphèmes,
Qui m'ont rempli soudain de colère et d'effroi,
J'aurais eu de la peine à triompher de moi.

Albin

Vous maudirez peut-être un jour cette victoire,
1700 Qui tient je ne sais quoi d'une action trop noire
Indigne de Félix, indigne d'un Romain,
Répandant votre sang par votre propre main.

Félix

Ainsi l'ont autrefois versé Brute et Manlie;
Mais leur gloire en a crû, loin d'en être affaiblie;
1705 Et quand nos vieux héros avaient de mauvais sang,
Ils eussent, pour le perdre, ouvert leur propre flanc.

Albin

Votre ardeur vous séduit; mais, quoi qu'elle vous die,
Quand vous la sentirez une fois refroidie,
Quand vous verrez Pauline, et que son désespoir
1710 Par ses pleurs et ses cris saura vous émouvoir...

Félix

Tu me fais souvenir qu'elle a suivi ce traître,

Et que ce désespoir qu'elle fera paraître
De mes commandements pourra troubler l'effet :
Va donc ; cours y mettre ordre, et voir ce qu'elle fait ;
1715 Romps ce que ses douleurs y donneraient d'obstacle.
Tire-la, si tu peux, de ce triste spectacle ;
Tâche à la consoler. Va donc ; qui te retient ?

Albin

Il n'en est pas besoin, seigneur, elle revient.

SCÈNE V

FÉLIX, PAULINE, ALBIN

Pauline

Père barbare, achève, achève ton ouvrage ;
1720 Cette seconde hostie est digne de ta rage :
Joins ta fille à ton gendre ; ose : que tardes-tu ?
Tu vois le même crime, ou la même vertu :
Ta barbarie en elle a les mêmes matières.
Mon époux en mourant m'a laissé ses lumières ;
1725 Son sang, dont tes bourreaux viennent de me couvrir,
M'a dessillé les yeux, et me les vient d'ouvrir.
Je vois, je sais, je crois, je suis désabusée.
De ce bienheureux sang tu me vois baptisée :
Je suis chrétienne enfin, n'est-ce point assez dit ?
1730 Conserve en me perdant ton rang et ton crédit ;
Redoute l'empereur, appréhende Sévère :
Si tu ne veux périr, ma perte est nécessaire ;
Polyeucte m'appelle à cet heureux trépas ;
Je vois Néarque et lui qui me tendent les bras.
1735 Mène, mène-moi voir tes dieux que je déteste ;
Ils n'en ont brisé qu'un, je briserai le reste.
On m'y verra braver tout ce que vous craignez,
Ces foudres impuissants qu'en leurs mains vous peignez,
Et, saintement rebelle aux lois de la naissance,
1740 Une fois envers toi manquer d'obéissance.
Ce n'est point ma douleur que par là je fais voir ;
C'est la grâce qui parle, et non le désespoir.
Le faut-il dire encor ? Félix, je suis chrétienne ;
Affermis par ma mort ta fortune et la mienne ;
1745 Le coup à l'un et l'autre en sera précieux,

Puisqu'il t'assure en terre en m'élevant aux cieux.

SCÈNE VI

FÉLIX, SÉVÈRE, PAULINE, ALBIN, FABIAN

SÉVÈRE

Père dénaturé, malheureux politique,
Esclave ambitieux d'une peur chimérique;
Polyeucte est donc mort! et par vos cruautés
1750 Vous pensez conserver vos tristes dignités!
La faveur que pour lui je vous avais offerte,
Au lieu de le sauver, précipite sa perte!
J'ai prié, menacé, mais sans vous émouvoir;
Et vous m'avez cru fourbe, ou de peu de pouvoir!
1755 Eh bien! à vos dépens vous verrez que Sévère
Ne se vante jamais que de ce qu'il peut faire;
Et par votre ruine il vous fera juger
Que qui peut bien vous perdre eût pu vous protéger.
Continuez aux dieux ce service fidèle;
1760 Par de telles horreurs montrez-leur votre zèle.
Adieu; mais quand l'orage éclatera sur vous,
Ne doutez point du bras dont partiront les coups.

FÉLIX

Arrêtez-vous, seigneur, et d'une âme apaisée,
Souffrez que je vous livre une vengeance aisée.
1765 Ne me reprochez plus que par mes cruautés
Je tâche à conserver mes tristes dignités;
Je dépose à vos pieds l'éclat de leur faux lustre.
Celle où j'ose aspirer est d'un rang plus illustre;
Je m'y trouve forcé par un secret appas;
1770 Je cède à des transports que je ne connais pas;
Et par un mouvement que je ne puis entendre,
De ma fureur je passe au zèle de mon gendre.
C'est lui, n'en doutez point, dont le sang innocent
Pour son persécuteur prie un Dieu tout-puissant;
1775 Son amour épandu sur toute la famille
Tire après lui le père aussi bien que la fille.
J'en ai fait un martyr, sa mort me fait chrétien :
J'ai fait tout son bonheur, il veut faire le mien.
C'est ainsi qu'un chrétien se venge et se courrouce.
1780 Heureuse cruauté dont la suite est si douce!
Donne la main, Pauline. Apportez des liens;

Immolez à vos dieux ces deux nouveaux chrétiens.
Je le suis, elle l'est, suivez votre colère.

Pauline

Qu'heureusement enfin je retrouve mon père !
1785 Cet heureux changement rend mon bonheur parfait.

Félix

Ma fille, il n'appartient qu'à la main qui le fait.

Sévère

Qui ne serait touché d'un si tendre spectacle ?
De pareils changements ne vont point sans miracle :
Sans doute vos chrétiens, qu'on persécute en vain,
1790 Ont quelque chose en eux qui surpasse l'humain.
Ils mènent une vie avec tant d'innocence,
Que le ciel leur en doit quelque reconnaissance :
Se relever plus forts, plus ils sont abattus,
N'est pas aussi l'effet des communes vertus.
1795 Je les aimai toujours, quoi qu'on m'en ait pu dire ;
Je n'en vois point mourir que mon cœur n'en soupire ;
Et peut-être qu'un jour je les connaîtrai mieux.
J'approuve cependant que chacun ait ses dieux,
Qu'il les serve à sa mode, et sans peur de la peine.
1800 Si vous êtes chrétien, ne craignez plus ma haine ;
Je les aime, Félix, et de leur protecteur
Je n'en veux pas sur vous faire un persécuteur.
Gardez votre pouvoir, reprenez-en la marque :
Servez bien votre Dieu, servez notre monarque.
1805 Je perdrai mon crédit envers Sa Majesté,
Ou vous verrez finir cette sévérité :
Par cette injuste haine il se fait trop d'outrage.

Félix

Daigne le ciel en vous achever son ouvrage,
Et pour vous rendre un jour ce que vous méritez,
1810 Vous inspirer bientôt toutes ses vérités !
Nous autres, bénissons notre heureuse aventure ;
Allons à nos martyrs donner la sépulture,
Baiser leurs corps sacrés, les mettre en digne lieu,
Et faire retentir partout le nom de Dieu.

TABLE DES MATIÈRES

Préface	7
Le Cid	9
Horace	93
Polyeucte	159

DISTRIBUTION

ALLEMAGNE

SWAN BUCH-VERTRIEB GMBH
Goldscheuerstrasse 16
D-77694 Kehl/Rhein

BELGIQUE

UITGEVERIJ EN BOEKHANDEL
VAN GENNEP BV
Spuistraat 283
1012 VR Amsterdam
Pays-Bas

CANADA

EDILIVRE INC.
DIFFUSION SOUSSAN
5518 Ferrier
Mont-Royal, QC H4P 1M2

ESPAGNE

RIBERA LIBRERIA
Dr Areilza 19
48011 Bilbao

ÉTATS-UNIS

POWELL'S BOOKSTORE
1501 East 57th Street
Chicago, Illinois 60637

TEXAS BOOKMAN
8650 Denton Drive
75235 Dallas, Texas

FRANCE

BOOKKING INTERNATIONAL
16 rue des Grands Augustins
75006 Paris

GRANDE-BRETAGNE

SANDPIPER BOOKS LTD
22 a Langroyd Road
London SW17 7PL

ITALIE

MAGIS BOOKS s.r.l.
Vicolo Trivelli 6
42100 Reggio Emilia

LIBAN

LA PHENICIE
BP 50291
Furn El Chebback
Beyrouth

MAROC

LIBRAIRIE DES ÉCOLES
12 av. Hassan II
Casablanca

PAYS-BAS

UITGEVERIJ EN BOEKHANDEL
VAN GENNEP BV
Spuistraat 283
1012 VR Amsterdam

SUISSE

MEDEA DIFFUSION
Z.I. 3 Corminboeuf
Case Postale 559
1701 Fribourg

TAIWAN

POINT FRANCE LIVRE
Diffusion de l'édition française
Han Yang Bd. 7 F
374 Pa Teh Rd.
Section 2 - Taipei

IMPRIMÉ EN CEE
le 19-07-1994
B/064-93 – Dépôt légal, octobre 1993
ISBN : 287714-152-7